L'Alchimia Astrologica

Analogie tra alchimia, astrologia e mito

Francesca Piombo

"Ora, Lege, Lege, Lege, Relege, Labora et Invenies"

Mutus Liber

ISBN 978-1-326-11337-7

In copertina: Dante G. Rossetti, Venus Verticordia, 1864

Indice

Premessa.. pag. 5
Mercurio alchemico.................................... pag. 11
   Gli stadi alchemici................................ pag. 12
   L'Immaginazione attiva .... pag. 13
   La "Clavis Artis" .... pag. 15
   Mercurio in alchimia.............................. pag. 15
   La Tavola Smeraldina............................. pag. 21
   Mercurio in mitologia............................. pag. 23
   Mercurio in astrologia .... pag. 27
   Sedi e Segni di Mercurio .... pag. 29
   Bibliografia di Mercurio alchemico................ pag. 36
Venere alchemica .... pag. 37
   L'esperienza dello stupore........................ pag. 40
   Le dee Vulnerate e le dee Vergini................. pag. 43
   Venere e l'incarnazione .... pag. 51
   Bibliografia di Venere alchemica.................. pag. 55
Marte alchemico .... pag. 56
   L' "Atalanta Fugiens".............................. pag. 57
   La *Calcinatio* .... pag. 60
   Lo zolfo .... pag. 61
   Marte in mitologia ed astrologia.................. pag. 64
   Segni e Sedi del Marte astrologico................ pag. 66
   La Pietra filosofale di Lambsprinck............... pag. 68
   Il "Leone Verde" .... pag. 77
   Bibliografia di Marte alchemico................... pag. 85
Giove alchemico .... pag. 86
   Giove in mitologia................................ pag. 87
   Il viaggio dell'eroe............................... pag. 89
   L'archetipo dello "Spirito"........................ pag. 92
   Differenze tra Spirito e Anima. Interazione .... pag. 93
   Lo Spirito personificato........................... pag. 97
   Lo Spirito femminile, la Sophia .... pag. 99
   Giove in alchimia................................. pag. 104
   La *Sublimatio* .... pag. 105
   La *Circulatio* .... pag. 109
   Giove pittore di farfalle.......................... pag. 112
   Bibliografia di Giove alchemico................... pag. 116
Saturno alchemico .... pag. 117

Saturno in mitologia … .... pag. 119

Saturno in astrologia .... pag. 120

Nettuno alchemico .... pag. 124

La *Solutio* .... pag. 125

Dalla follia al Sacro .... pag. 130

La *Separatio* .... pag. 133

La *Decapitatio* .... pag. 135

Plutone, principio di separazione................... pag. 137

La *Coagulatio* .... pag. 139

Melancholia .... pag. 142

Il sale. Ali Puli .... pag. 145

Bibliografia di Saturno e Nettuno alchemici...... pag. 148

Sole e Luna alchemici .... pag. 149

L'Animus e l'Anima .... pag. 150

Raperonzolo.. pag. 153

L'Animus nella donna............................. pag. 158

La *Coniunctio Maior*....................... .... pag. 160

Bibliografia di Sole e Luna alchemici............... pag. 167

Premessa

L'alchimia medioevale e rinascimentale avevano come scopo primario quello di creare la mitica *Pietra Filosofale*, o *Elisir di lunga vita*, attraverso la fusione dei metalli di base che venivano trasformati in oro, considerato il metallo nobile per eccellenza, in grado di garantire l'immortalità.

Ma lo scopo dell'alchimia era soprattutto mistico e spirituale, perché l'incontro con la propria umanità permetteva all'alchimista di compiere un viaggio spirituale alla ricerca di se stesso, della sua interezza, dei suoi potenziali da sfruttare così come dei suoi limiti da definire; un percorso introspettivo che collegava e metteva in relazione l'interno con l'esterno, il conscio con l'inconscio, il microcosmo col macrocosmo, attraverso l'integrazione dei vari principi corporei, emotivi, psichici ed energetici che si trovano nell'Universo e che sono a disposizione dell'uomo per la sua realizzazione, per prendere coscienza del suo non essere separato dalla Totalità, ma partecipe e in prima persona del Principio Divino.

Il percorso d'individuazione.

Carl Gustav Jung (1875-1961), padre della Psicologia Analitica del Profondo, si è dedicato per circa vent'anni allo studio di questa disciplina; nel corso di tanti anni infatti, bisognoso di dare un fondamento oggettivo alle sue convinzioni sul valore sociale e spirituale del suo "Percorso d'individuazione dell'Io", inteso come un processo di differenziazione dai valori collettivi e presupposto per arrivare alla Verità personale; convinto che tale percorso dovesse passare attraverso la riconciliazione ed integrazione delle molte dualità interne alla psiche; certo che l'inconscio individuale fosse condizionato e suggestionato dai modelli archetipici dell' "Inconscio collettivo", una sorta di fonte psicologica universale che affonda le sue radici nella notte dei tempi e che rappresenta la comune eredità del genere umano, Jung ha guardato all'alchimia con un interesse particolare; ha esaminato attentamente le fasi dell'*Opus*, le sue tematiche fondamentali, i suoi emblemi; fortemente convinto del potere evocativo del simbolo sulla capacità di interpretare i fatti della realtà quotidiana attraverso strumenti non solo logici e razionali, ma fortemente connessi con dimensioni più sottili quali l'intuizione e la percezione sensoriale, è arrivato a mettere in analogia la Pietra Filosofale con il Sé, inteso come la spinta innata che c'è in ogni individuo (dal latino, non diviso) a compiere se stesso, ad accogliere tutto di sè, a dare vita a ciò che è già latente alla nascita e che deve essere semplicemente riconosciuto ed accolto nella sua specificità, per la realizzazione individuale. Il Sé personale diventa così il dono che l'individuo fa di sé al mondo.

Scrive Jung in "Ricordi, sogni, riflessioni": "Occupandomi delle mie fantasie, cominciai a supporre che l'inconscio si trasforma o determina trasformazioni. Solo dopo che l'alchimia mi fu divenuta familiare capii che l'inconscio è un *processo*, e che la psiche si trasforma o si sviluppa a seconda della relazione dell'io con i contenuti dell'inconscio. [...] Attraverso lo studio dei processi individuali e collettivi di trasformazione, e grazie alla comprensione del simbolismo alchimistico, pervenni al concetto centrale della mia psicologia: il processo di individuazione". [1]

Ma l'intuizione junghiana puntava a conclusioni soprattutto spirituali perché vedeva in questa ricerca di verità individuale il contemporaneo compiersi dell'Opera Divina, il prerequisito alla sua realizzazione, come se Dio affidasse proprio all'uomo e alla benedizione dell'incarnazione la realizzazione della Sua intera opera creativa, così come recita un detto alchemico: "Dio non è soltanto redenzione dell'uomo, ma è l'uomo stesso ad essere redenzione di Dio".

---

[1] C.G. Jung, Ricordi, sogni, riflessioni, BUR Saggi, Milano 2016, pag. 258

Anima Mundi

Gli stadi del processo alchemico quindi, graduali, consequenziali l'uno all'altro ed estremamente rigidi nella loro successione, non sono che l'esatta metafora del percorso junghiano di "ricomposizione degli opposti" che si agitano all'interno della psiche e che si devono integrare per permettere all'Io cosciente di trasformarsi in Sè, all'ombra di trasformarsi in luce, così come il metallo vile si fa oro.

La psiche, naturalmente spinta verso questa Totalità, il Sè junghiano che è archetipo di completezza, fa sì che la coscienza resa torbida dalle passioni e dagli attaccamenti, dai condizionamenti e dalle cariche energetiche distruttive, nonché dalle spinte collettive coscienti ed inconsce che hanno dominio sull'Io e ne bloccano l'individuazione, sia chiamata dall'inconscio personale a rientrare in contatto con la sua specificità, la sua essenza primaria, ricomponendo le dualità interne e permettendo la nascita di uno stadio conclusivo dell'essere totalmente rigenerato, purificato e trasformato.

Ne consegue che la visione junghiana della *libido*, che conferma ed amplia l'intuizione freudiana, porta alla conclusione che l'energia psichica ha bisogno della dinamica dei contrari per dare il meglio di sé: le passioni, gli stati d'animo, le contraddizioni e i paradossi che si generano nella psiche di fronte a bisogni opposti ma contemporaneamente indispensabili, nonché il conseguente desiderio di risolverli per allentarne la tensione, sono il necessario presupposto a che si crei quella spinta propulsiva, quella corrente energetica necessaria ad elaborare le cariche distruttive trasformandole in creative, in un moto continuo e perenne di ascensione. Infatti, se da una parte si deve riconoscere l'impossibilità da parte della coscienza di poter integrare completamente l'inconscio per il mistero stesso che impregna la vita, è proprio l'energia psichica il presupposto che spinge a non fermarsi, ad andare avanti, per approdare a stadi migliorativi dell'essere, in un continuo sforzo di sublimazione e tensione spirituale.

E' così che il laboratorio dell'alchimista, con il suo *Athanor*, il crogiuolo alchemico in cui si compie il miracolo trasformativo, diventa la metafora di un viaggio interiore di trasmutazione, che è sacro e benedetto perché vi si può operare la riunificazione con la propria anima attraverso l'integrazione degli opposti psichici, quella *Coniunctio Oppositorum*, che era il fine ultimo e tutto spirituale dell'alchimia: maschile e femminile, conscio e inconscio, luce ed ombra, Yang e Yin, Logos ed Eros, Animus e Anima, Spirito e materia, Sole e Luna vengono accolti nella loro sacra ambiguità per essere innanzitutto visualizzati, separati e quindi elaborati per compiere lo stadio finale, ciò che Jung definiva "il farsi totale dell'uomo psichico".

Leggiamo ancora in "Ricordi": 'Notai ben presto che la psicologia analitica concordava stranamente con l'alchimia. Le esperienze degli alchimisti erano, in un certo senso, le mie esperienze, e il loro mondo era il mio mondo. Naturalmente questa fu per me una scoperta importante: avevo trovato l'equivalente storico della mia psicologia dell'inconscio. Ora essa aveva un fondamento storico".[2]

---

[2] ibid., pag. 254

Lo psicoanalista neo-junghiano Murray Stein,, membro dell'Associazione Internazionale di Psicologia Analitica, nel suo "Il principio d'individuazione", ci ricorda come fu proprio il processo alchemico della *Separatio* quello che diede impulso al personale percorso d'individuazione di Jung. Alcuni suoi viaggi geografici infatti, in America, in India, ma soprattutto quello di tre mesi che fece in Africa, lo aiutarono a comprendere meglio il bisogno imperioso di differenziazione dagli schemi collettivi, attraverso la necessità di operare una *Separatio* dalla cultura europea, per poter pervenire alla *Coniunctio* con la specificità ed eccezionalità della sua natura. Un processo obbligatorio per la psiche umana così che dall'Uno della nascita si possa passare al molteplice per poi ritornare e ricongiungersi all'Uno.

Così come in Alchimia, anche nell'Astrologia Umanistica i pianeti assumono un valore specifico di rilevatori alchemici.

Questo studio si prefigge di illustrare le varie analogie esistenti tra Alchimia, Astrologia e Mito, capaci di creare un unico linguaggio universale per la comprensione e realizzazione del viaggio spirituale dell'anima, della stessa incarnazione umana.

Ad iniziare dall'analisi del Mercurio Alchemico, l'agente principale dell'intero processo, perché lui stesso *Lapis,* verranno di seguito illustrati i primi sette pianeti nelle loro specificità e caratteristiche, alchemiche, mitiche ed astrologiche, per concludere lo studio con l'analisi di una fiaba dei Fratelli Grimm "Rapunzel", esemplificativa del ruolo alchemico di Sole e Luna, come tensione innata della psiche a riunire i principi energetici opposti, che devono essere riequilibrati per sanarne la tensione, recuperando – con l'equilibrio interiore – la propria unicità.

Bibliografia della Premessa.

C.G. Jung, Ricordi, sogni, riflessioni, BUR Saggi, Milano 2016

Mercurio Alchemico

"La nostra voglia di essere integri e di abbracciare tutte le nostre parti ci permette di sperimentare noi stessi come creature totali".

Jeffrey Raff

Rebis

Jung dedicò uno scritto intero al ruolo fondamentale dell'archetipo mercuriale come agente indispensabile per creare l'*Opus*. Nel suo "Studi sull'Alchimia, Lo Spirito Mercurio" leggiamo: "Mercurio, come generalmente si afferma, è *l'arcanum, la prima materia*, il "padre di tutti i metalli", il Caos primordiale, la terra del paradiso, la materia a cui la natura ha lavorato un poco, lasciandola però imperfetta (Rosarium philosophorum, vol. II, pag. 231). Ma esso è anche l' *ultima materia* il fine della sua propria trasformazione, la pietra, la tintura, l'oro filosofale, il carbuncolo, l' *homo philosophicus*, il secondo Adamo, l'*analogia Christi*, il re, la luce delle luci, il *deus terrestris*, anzi la divinità stessa o il suo perfetto corrispondente". [3]

In particolare, nel suo commento a "Il Segreto del Fiore d'Oro", in cui, assieme al sinologo tedesco Richard Wilhelm descrive il processo alchemico induista, buddista e taoista di circolazione dell'energia vitale all'interno del corpo, l'alchimia si fa "mercuriale", perché solo grazie all'intervento del mercurio, 'l'Io metallo vile' poteva entrare in contatto con il 'Sé oro vivente', secondo un processo di perfezionamento non solo materiale, ma soprattutto psicologico e spirituale.

Gli stadi alchemici.

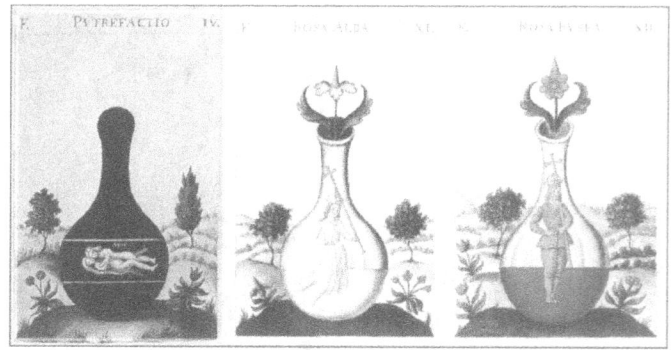

Nigredo, Albedo, Rubedo

Ripercorriamo allora i passaggi principali del percorso alchemico: il primo è quello della *Nigredo*, l'Opera al Nero, dove il metallo o "Prima Materia" veniva spogliato di tutto ciò che gli impediva di essere quello che doveva essere per dare il meglio di sè.

---

[3] C.G. Jung, Studi sull'Alchimia, Opere, vol XIII, Boringhieri, Torino, pag. 252

Stadio fondamentale della *Nigredo* era la *Solutio*, base stessa dell'alchimia, in cui il metallo veniva liquefatto e totalmente dissolto, perché solo a quel punto poteva essere trattato e sottoposto alle varie trasformazioni.

Attraverso questo procedimento ed altri passaggi deprivanti come la *Separatio e Mortificatio* si poteva giungere allo stadio dell'Opera al Bianco, *l'Albedo*, o "Seconda Materia" in cui la sostanza veniva purificata ed ulteriormente perfezionata attraverso rituali ancor più sofisticati, come la *Sublimatio* e *la Calcinatio;* è in questa fase che Venere (rame), incontrandosi con Marte (ferro), principio attivo di forza vitale e Fuoco che trasforma e purifica, davano vita alla *Coniunctio* della Terza Materia; è in questa fase finale della *Rubedo*, l'Opera al Rosso, che si compie l'intera Opera alchemica, che la Pietra, inizialmente scartata perché imperfetta, diventa "Pietra d'angolo" e si fa "Filosofale".

L'Immaginazione attiva.

Il viaggio alchemico è un viaggio per immagini.

Sappiamo infatti come gli alchimisti fossero fortemente convinti dell'importanza del simbolo e del ruolo immaginativo come guida nella realizzazione dell'intera Opera ed è per questo che si servivano di dipinti, raffigurazioni, stampe che loro definivano "emblemi" e che potevano fornire una guida, una mappa dove ritrovare i passi fondamentali dell'Opera e quindi, nella loro intenzione di elevazione della coscienza, accompagnare la nascita dell'uomo spirituale.

Allo stesso modo, nella pratica psicologica, di fondamentale importanza è il ruolo dei sogni, delle immagini, dei simboli (dal greco, *sun-ballein*: mettere insieme), così come di tutto ciò che – in analogia con l'emisfero destro del cervello – possa traghettare la mente verso dimensioni più sottili, verso intuizioni spontanee, che altrimenti non si genererebbero se l'approccio fosse soltanto razionale. Accedendo così al pozzo immaginativo dell'inconscio collettivo, è possibile interagire con immagini arcaiche spontanee, con figure di sostegno che possono aprire alla funzione intuitiva della mente, la *Funzione Trascendente*, che fa da ponte per permettere alla coscienza di trovare nell'inconscio le risposte più appropriate a molte tensioni, paradossi e contraddizioni che coabitano nell'animo umano.

Il metodo dell'*Immaginazione attiva*, così come la definiva Jung, applicato al mondo onirico per esempio, punta su un dialogo immaginale tra l'Io ed i contenuti dell'inconscio, sull'ascolto di alcune parti che chiamano per essere riconosciute, non rifiutando ciò che emerge come irrazionale o incomprensibile e molto spesso ostile all'Io civilizzato, ma accogliendolo ed interagendo simbolicamente con esso. Assumendo una posizione attiva che permetterà di raggiungere un piano intermedio di confronto immaginale, non del tutto conscio né solo inconscio, si potranno anche visualizzare e dipanare i contenuti opposti della psiche che provocano agitazione e tentare di riequilibrarli in una sintesi completamente nuova, sciogliendone la tensione.

Scrive Jung in "Ricordi": "Finchè riuscivo a tradurre le emozioni in immagini, e cioè a trovare le immagini che in esse si nascondevano, mi sentivo interiormente calmo e rassicurato. Se mi fossi fermato alle emozioni, allora forse sarei stato distrutto dai contenuti dell'inconscio. [...] Il mio esperimento mi insegnò quanto possa essere di aiuto – da un punto di vista terapeutico – scoprire le particolari immagini che si nascondono dietro le emozioni". [4]

Grazie all'*Immaginazione attiva*, alla quale si può accedere anche grazie alla meditazione e all'introspezione, si possono approfondire lati della propria natura collegati ai vari archetipi e scoprire in se stessi la capacità di riconoscere quale attivare in quel momento dell'esperienza e quale mettere a tacere. Solo attraverso la *Funzione Trascendente*, si può giungere ad una visione "alta" che permetta anche di operare una scelta che non sia collegata solo a valutazioni razionali o interpretazioni personali, tanto meno a schemi

---

[4] C.G. Jung, Ricordi, sogni, riflessioni, BUR Saggi, Milano 2016, pag. 221

collettivi che bloccano o rallentano il bisogno innato di completezza, ma alla propria sapienza profonda che è contenuta soltanto nel Sé.

Si chiede quindi all'Io, in ragione della sua qualità di "ordinatore della coscienza", uno sforzo di una certa difficoltà: abbandonare il territorio del conscio ed immergersi in dimensioni diverse, profonde e sconosciute, che lui tende a negare per la difficoltà a mantenere il controllo sull'intera vita psichica, quando solo dall'incontro con l'inconscio può essere garantita la nascita di una personalità matura e compiuta.

La "Clavis Artis".

Si tratta di un manoscritto alchemico, pubblicato in Germania sul finire del XVII secolo ed attribuito al profeta iranico Zarathustra (Zoroastro), fondatore dello Zoroastrismo, nei secoli la religione più diffusa dell'Asia centrale.

Nel suo pensiero, è presente la conflittualità degli opposti rappresentati dai due Spiriti gemelli del Bene e del Male e soprattutto l'impegno che deve riguardare tutta l'umanità a trasmutare le forze dualistiche in un unico Spirito del bene.

La "Clavis Artis" presenta 39 tavole o "emblemi" in cui, attraverso epigrammi, viene illustrato un percorso spirituale ed iniziatico secondo i dettami dell'alchimia, con particolare risalto dato ai quattro elementi della Natura e agli archetipi astrologici, tra i quali campeggia per importanza e ruolo il pianeta Mercurio.

Mercurio in alchimia

Il metallo mercurio ha in alchimia un posto d'onore.

Definito dalla chimica moderna *metallo di transizione pesante*, era l'antico *hydrargirium* o argento vivo che, legandosi allo zolfo e al sale, interveniva per mettere in relazione i vari elementi tra di loro e ne

15

permetteva la lavorazione; chiamato anche *fons mercurialis*, permetteva le nozze mistiche del Re e della Regina alchemici, princìpi doppi, come Maschio e Femmina, Corpo e Spirito, Luce ed Ombra.

Mercurio, Codice De Sphaera, 1470 ca.

Il mercurio alchemico è un principio spirituale.

E' il "soffio" vitale che permette ai vari elementi che partecipano all'*Opus* una possibilità di contatto, impedendo ad un elemento di prevalere sull'altro, bensì consentendo all'uno e all'altro di miscelarsi ed integrarsi senza rinunciare alla personale specificità, che in tal modo viene messa a punto, perfezionata e resa perfetta.

Infatti, se da una parte l'Io dovrà aprirsi alla dimensione inconscia, non potrà di contro sottovalutarne la potenza distruttiva. Conscio e inconscio hanno bisogno dell'opera svolta dalla mente, perché solo la capacità integrativa della mente potrà far sì che l'uno e l'altro possano dare il meglio di sè.

Perché sia possibile questo, il mercurio alchemico deve possedere in sé aspetti positivi e creativi accanto ad aspetti distruttivi e degenerativi. Gli alchimisti erano convinti infatti che le qualità superiori dei metalli non potessero manifestarsi senza la presenza delle qualità inferiori che dovevano però essere trasformate, purificate e rese nobili.

Clavis Artis, Tav. XXII

In segno della sua benevolenza,
In te, come in un vaso d'elezione,
Mercurio versa la sua Quinta Essenza
Ancora calda di distillazione.
Dalla Pura sorgente dell'Amore
Discende un'acqua che all'unione invita
E l'ala del celeste reggitore
Ribalta la clessidra della vita.

Questo aspetto specifico del mercurio alchemico fa sì che i suoi attributi siano duplici e contrari, paradossali ed ambivalenti, perché in alchimia così come nella psicologia junghiana i contrari contengono tutto il bene e tutto il male possibile dell'esperienza umana e sta solo all'impegno costante e coraggioso dell'Io cosciente di ricercare quella dimensione "altra", quel *temenos* protetto in cui può avvenire la trasformazione.

Scrive Jung in "La psicologia dell'inconscio": "Le immagini contengono non solo tutte le cose più belle e più grandi che l'umanità abbia mai pensato e provato, ma anche le peggiori infamie e diavolerie di cui gli uomini siano mai stati capaci". [5]

Ecco perché questo Spirito "animatore" aveva due aspetti, uno celeste e l'altro terreno.

Come Spirito celeste aveva la qualità di "far toccare il cielo" e quindi promuovere quell'avvicinamento al Divino a cui tende ogni creatura, mentre nel suo aspetto terreno era il generatore di ogni male, il distruttore per eccellenza, perché simbolo delle vulnerabilità dell'Io e dei suoi istinti e bisogni primari, che devono essere redenti e trascesi. Per questo motivo, il mercurio, nella prima fase della *Nigredo*, era anche associato al drago, figura fondante di tutta la simbologia alchemica.

Il drago è una figura mitica molto potente che si ritrova nelle tradizioni e leggende di ogni popolo. Infatti, se da un lato appare minaccioso e terribile nella sua ferocia, dall'altro contiene in sé anche qualità nobili e dalla valenza divina, così come scritto nel testo "Coelum Terrae" (metà del '600) che Thomas Vaughan pubblicò con lo pseudonimo di Eugenius Philalethes e con il titolo "Magia Adamica".

Nel testo il drago parla così di sé: "Sono l'antico drago presente ovunque sulla faccia della terra; sono padre e madre, giovane e vecchio, duro e molle, in discesa verso la terra e in ascesa verso i cieli, altissimo e infimo, leggero e pesante. Sono la tenebra e la luce, scaturisco dalla terra e sorgo dal cielo".[6]

Sappiamo come nella filosofia orientale il drago occupi un posto d'onore, perché riassuntivo dello Yin e dello Yang e cioè del concetto che non ci può essere luce senza ombra, bene senza male, inizio senza fine.

---

[5] C. G. Jung, La psicologia dell'inconscio, Newton Saggi, pag. 63, Roma, 1997
[6] T. Vaughan, Coelum Terrae, in A.E.Waite, The Magical Writings of Thomas Vaughan, Kessinger, Kilo, MT s.d., pagg. 136-137

Nella sua forma più negativa, il drago simbolo dell'inconscio collettivo, sede del caos e degli elementi irredenti che vagano indifferenziati per essere risvegliati, porta su di sé ciò che deve essere eliminato, perché solo dopo questo passaggio può nascere uno stato di pura potenzialità, un'energia di cui ci si può servire per accedere a nuovi stadi creativi ed evolutivi dell'essere, che si rendono disponibili dopo lo sblocco.

Partendo dalle sue connotazioni iniziali, che lo vogliono selvaggio e feroce, completamente dominato da pulsioni istintuali, il drago si colora di spiritualità, quando diventa il simbolo del Sé latente ed involuto che, grazie all'opera di mediazione della coscienza, al lavoro attento dell'Io, si fa manifesto.

Clavis Artis, Tav. XII

Dopo aver distillato sul fornello
Il purpureo elixir sacro ad Ermete,
Indossata la Tunica e il Cappello
Con il duplice segno dell'Ariete,
Tu verserai nella gola del Drago
Quel tuo liquore che di sé più lo asseta:
E la bestia si farà docile al Mago;
Nel tuo cielo si accende una Cometa.

L'immagine del drago che ammiriamo nella Tavola XII della "Clavis

Artis", conferma la funzione riequilibratrice di Mercurio che diventa il Mago/Alchimista/Io che opera per quest'integrazione.

Anche il serpente è un'altra creatura strettamente collegata a questo passaggio, fondamentale nella mitologia mercuriale.

Simbolo costante di cura e guarigione nella storia mitica delle antiche religioni d'ogni tempo e luogo, lo ritroviamo anche nella tradizione giudaico-cristiana mentre si avvolge attorno all'albero della conoscenza del bene e del male; sulla verga di Asclepio, dio della guarigione della mitologia greca e come bastone del comando nella storia di Mosè.

Il serpente, così come il drago, simboleggia le pulsioni primarie istintive non ancora integrate, contiene quindi in sé l'insieme della cura e del veleno, della vita e della morte, o quanto gli attribuiva Jung "la coscienza inconscia, la saggezza della Natura". Non a caso, il termine inglese "poison" veleno, rimanda anche al termine "pozione", secondo un concetto assunto dalla medicina omeopatica per cui dal giusto equilibrio e dosaggio degli elementi inseriti in una medicina, non esclusi quelli velenosi, dipenderà la possibilità di cura e guarigione.

E' quindi un simbolo strettamente collegato alla saggezza che fa seguito all'illuminazione proprio di quelle parti oscure che vagano buie nell'inconscio in cerca di luce e che se portate alla coscienza, non avvelenano più la psiche, ma anzi la curano, se ne prendono cura.

Clavis Artis, Tav. VIII

Un serpente divora il Drago alato
E un Drago alato divora il Serpente:
Come vedi,
I due corpi hanno formato un grande anello
Immobile e fremente.
L'Albero della Vita sta nel mezzo,
L'un vi si appoggia e l'altro lo sorregge.
Paradiso ed Averno sono il prezzo
Di questa Mischia umana, resa Legge.

Si ritorna quindi ad un concetto di temperanza di diverse energie complementari che devono trovare un giusto equilibrio, un giusto mezzo tra loro per dare il massimo del loro potenziale.

La Tavola Smeraldina.

L'importanza del mercurio in alchimia è sottolineata e ribadita da quello che gli alchimisti ritenevano il loro testo più sacro: la *Tavola Smeraldina* trovata nella tomba di Ermete Trismegisto, una guida completa per compiere l'*Opus*, una sorta di mappa per orientarsi nel viaggio di ricerca, insostituibile compendio che l'alchimista teneva sempre presente come se fosse una "ricetta" per arrivare alla creazione dell'*Unus Mundus*:

E' vero, è vero senza errore, è certo e verissimo.
Ciò che è in basso è come ciò che è in alto e ciò che è in alto è
come ciò che è in basso,
per fare il miracolo di una cosa sola.
Come tutte le cose sono sempre state e venute dall'Uno, così
tutte le cose sono nate per adattamento
da questa Cosa Unica.

Il Sole ne è il Padre, la Luna è la Madre, il Vento l'ha portato nel

suo ventre, la Terra è la sua nutrice.

Il Padre di tutto, il Telesma di tutto il Mondo è qui; la sua potenza è illimitata se viene convertita in Terra.

Separerai la Terra dal Fuoco, il sottile dallo spesso, delicatamente e con grande cura.

Ascende dalla Terra al Cielo e ridiscende in Terra, raccogliendo le forze delle cose superiori ed inferiori.

Tu avrai così la Gloria di tutto il Mondo e fuggirà da te ogni oscurità.

E' questa la forza forte di ogni forza, perché vincerà tutto ciò che è sottile e penetrerà tutto ciò che è solido.

Così fu creato il Mondo.

Da ciò deriveranno innumerevoli adattamenti, il cui segreto sta tutto qui.

Pertanto io fui chiamato Ermete Trismegisto, in possesso delle tre parti della filosofia del Mondo.

Ciò che dissi sull'opera del Sole è perfetto e completo.

Tavola Smeraldina

Mercurio in mitologia

La funzione di mediazione del mercurio alchemico poggia sulle caratteristiche che il mito greco dà al dio Hermes, il messaggero degli dei, mago e viandante divino.

Figlio di Giove e della ninfa Maia, la più bella delle Pleiadi, Hermes era il Signore dei grandi confini e presiedeva ai viaggi in terra, proteggendo per questo gli scambi, la comunicazione e tutti gli spostamenti.

Giambattista Tiepolo, Mercurio, 1753

Tra gli dei dell'Olimpo era l'unico che poteva andare e venire a piacimento sui tre mondi dell'esperienza: scambiava così con il cielo, perché gli era consentito l'ingresso nell'Olimpo dove si adoperava per riconciliare gli dei quando litigavano tra loro; scambiava con la terra, dove portava agli uomini gli ordini che dovevano eseguire per non far adirare gli dei, oppure riportava agli dei i desideri degli uomini e scambiava con gli Inferi perché era l'unico tra tutti gli dei a cui era consentito di scendere all'Ade per accompagnare le anime dei morti nell'Oltretomba ed incontrarsi col giudizio divino.

È Hermes infatti che, in qualità di guida per le anime, scende agli Inferi per aiutare Persefone rapita da Ade e la riporta alla madre che non si dà pace per la sua perdita improvvisa ed è lui che conduce Ulisse attraverso gli Inferi in cerca dell'amico morto, per poi farlo tornare ai suoi compagni che lo attendono in superficie.

A livello simbolico la sua figura è bellissima perché se da una parte è in analogia con l'emisfero sinistro del cervello che presiede alla capacità razionale, lucida e valutativa della mente che sa rimanere salda e fredda anche nei momenti di estrema agitazione emotiva perché resta centrata e sempre presente a se stessa, ma anche perché sa attingere a quella leggerezza e capacità di sdrammatizzare nelle situazioni più pesanti della vita, dall'altra parte esprime la capacità della mente di entrare in contatto con altre dimensioni più profonde che non dipendono dalla funzione razionale, ma sono strettamente collegate all'emisfero destro, quello analogico e simbolico: la funzione immaginativa, quella intuitiva, quella percettiva, ma anche quella più misconosciuta e sottovalutata e cioè l'introspettiva che permette all'individuo di scendere dentro di sé ed analizzarsi; di accettare l'incontro con se stesso, con la sua Verità e solo a quel punto risolvere le molte tensioni interiori che derivano proprio dalla negazione all'apertura di questa parte del Sé.

Mercurio *Psicopompo* è la guida che sostiene l'Io nella fase più complicata.

E' quando l'Io lotta con tutte le sue forze per impedire all'inconscio di rivelarsi, la fase i cui la mente rifiuta ogni scomoda verità, negandola e rimuovendola, perché ciò significherebbe anche far crollare tutte quelle pseudo-strutture che sostengono le molte illusioni e fantasie che l'Io ripone su di sé e a cui non vuole rinunciare. Si tratta di una struttura conquistata a fatica, attraverso lo sforzo tutto umano di mostrare di sé soltanto ciò che si è riconosciuto come proprio ed in cui ci si è identificati senza alcuno sforzo.

Mercurio *Psicopompo* lotta contro i fantasmi interni, contro le paure più radicate e fa visualizzare nuove potenzialità ed il nuovo seduce sempre la psiche, naturalmente spinta verso ciò che può illuminare la Verità.

Come interprete degli ordini divini poi, Hermes era anche il dio della parola e dell'eloquenza, ma anche dei sogni con i quali faceva addormentare i mortali, quand'erano tormentati da affanni e preoccupazioni, toccandoli con il Caduceo, la sua verga divina.

Caduceo

E la leggenda del Caduceo riporta ancora una volta all'integrazione degli opposti junghiana, indispensabile per arrivare alla completezza che chiede la psiche. Se infatti Asclepio, il dio della medicina, aveva il Caduceo come suo attributo, ma con un solo serpente attorcigliato su di esso come simbolo di cura e guarigione, in quello di Hermes i serpenti erano due, perché soltanto grazie al duale si può giungere all'integrazione degli opposti e quindi alla vera guarigione.

Si narra che trovandosi Hermes sul monte Cicerone, avrebbe separato due serpenti che combattevano tra loro servendosi proprio del Caduceo che aveva posto al centro tra i due animali, come se fosse lì, al centro, il giusto mezzo da raggiungere, a tal punto che i due serpenti vi si sarebbero attorcigliati, rinunciando alla lite.

E' per questo che Mercurio, simbolicamente messo in relazione con la mente conscia, con il principio di realtà, diventa il "ponte" necessario perché le varie dimensioni della psiche possano armonizzarsi con le funzioni della mente.

Mercurio alchemico

Non a caso Jung parla del dio come *Hermes Kyllenios* "il causatore delle anime", il mediatore che apre spazi liminali dove i vari processi psichici possono essere elaborati.

E' interessante anche notare come il nome greco del dio derivi da "herma", mucchio di pietre", perché proprio i tumuli di pietre ammassate lungo le vie in posti strategici diventavano punti di riferimento ai viandanti per non smarrire la strada, per orientarsi anche nei luoghi più deserti e desolati, coltivando la certezza che fosse proprio quella la giusta direzione.

Lo "spazio ermetico" diventa così un luogo psichico in cui è possibile dare confini e delimitare gli spazi della ricerca introspettiva; un luogo mobile e mai fisso in cui ci si può aprire di volta in volta a percezioni e sensazioni nuove, a nuove interpretazioni; la mobilità e la volatilità dell'archetipo permettono questo scambio perché i confini, se pur delimitati nel "qui ed ora" dell'esperienza, non diventino mai rigidi o predefiniti, ma flessibili ed aperti a nuove intuizioni.

Non è Hermes il "guardiano della soglia" tra conscio e inconscio, a lui spetta invece aprire sempre "nuove soglie" per permettere di visualizzare ciò che è di vitale importanza nel processo di trasformazione; non a caso il dio Mercurio veniva visto dagli alchimisti come "il detentore delle chiavi alchemiche" nella fase della *Circulatio*, in cui gli elementi venivano ciclicamente scaldati all'interno dell'ampolla in un percorso a serpentina, per essere poi nuovamente rilavorati fino alla loro sublimazione.

Mercurio in astrologia

L'astrologia umanistica si differenzia dall'astrologia tradizionale perché si rifà direttamente alla filosofia di Jung sia per il "percorso d'individuazione dell'Io", compendiato dalla carta astrale di nascita nella sua interezza, sia per la possibilità di rintracciare nei simboli planetari dei modelli comportamentali di riferimento, immagini arcaiche preesistenti all'Io stesso, avvicinabili agli "Archetipi dell'inconscio collettivo", attraverso i quali l'individuo ha la possibilità di conoscersi e rintracciare in se stesso le risorse energetiche di cui dispone e servirsene nell'esperienza di vita.

I pianeti infatti non influenzano in nulla la vita dell'uomo, sono semplicemente il riflesso dei bisogni coscienti ed inconsci che sono già dentro di lui e che lui stesso vuole riconoscere ed esprimere per compiere se stesso. Attraverso l'analisi del Segno Solare, che può dare già ottime informazioni generiche e collettive, si può ottenere un esame più dettagliato e personalizzato analizzando tutti gli altri pianeti, in che Segno transitavano al momento della nascita e che tipo di scambi facevano tra loro e con quel Sole, riuscendo così ad ottenere un profilo astrologico e psicologico, capace di illuminare le personali specificità.

Ma secondo l'astrologia umanistica lo strumento astrologico non potrà mai farsi esatto o infallibile perché ci sarà sempre quella variabile, quella particolare condizione in cui si trova la persona in quel momento della sua vita a garantire la possibilità di utilizzare la carica energetica di cui dispone fin dalla nascita in maniera personale, anche del tutto innovativa rispetto alla modalità che la tradizione astrologica assegna ad un particolare aspetto planetario, una modalità che non può essere fissa, ma in linea con il divenire stesso della persona, con il grado di evoluzione raggiunto e soprattutto con il progetto spirituale che la sua anima intende realizzare. Ma anche in linea con "l'aria dei tempi" e cioè con quello che l'umanità intera sta sperimentando a livello cosciente ed inconscio sul piano collettivo e che sente risvegliarsi dentro di sé per allinearsi al grande progetto universale che unisce il Creato ad ogni creatura, naturalmente ed automaticamente spinta a ricongiungersi col Principio Divino.

D. Stolcius von Stolcenberg, Viridarium chimicum,
I quattro elementi (Francoforte 1624)

Anche nell'immaginario alchemico i pianeti e le stelle avevano un ruolo fondamentale; secondo Paracelso, grande medico e alchimista svizzero della fine del '400, proprio attraverso il simbolo e l'*Immaginazione attiva*, l'alchimista aveva "il potere di moderare i cieli, muovendosi da stella a stella", diventava egli stesso "stella" e quindi poteva liberarsi dai vincoli del destino, autodeterminarsi e soprattutto elevarsi spiritualmente.

Secondo la teoria delle corrispondenze, quanto si verifica su un piano fisico produce un effetto a livello psicologico. Gli alchimisti erano convinti che, operando a contatto con sostanze che riconducono alle energie di certi pianeti, per esempio con il rame/Venere, si poteva intervenire ed operare anche ad un livello psicologico/spirituale.

Così come in alchimia, anche nella pratica astrologica, tutti i pianeti che ritroviamo nel cielo hanno un valore simbolico, sono essi stessi Archetipi, sono modelli innati che daranno una coloritura particolare alla persona, definendola nel suo Animus, la parte maschile e attiva della sua natura e nella sua Anima, la parte femminile ricettiva.

Grazie alla carta astrale che è una mappa dell'anima, si può delineare quale sia l'intero progetto esistenziale, che è essenzialmente un progetto spirituale.

Attraverso l'esame del Sole, si potrà comprendere ciò che la persona vuole realizzare a livello cosciente, ma anche le motivazioni della sua stessa incarnazione; attraverso l'esame della Luna, si potrà definire ciò che la fa emozionare e la modalità di relazionare con gli altri; grazie a Mercurio, si potrà interpretare ciò che costituisce il suo bagaglio intellettivo e comunicativo e infine attraverso l'esame di Venere e quello congiunto di Marte si potrà valutare la modalità di vivere l'affettività e ciò che rappresenta la sua scala di valori, sia i metodi che la persona attuerà o come agirà per realizzare ciò che giudica fondamentale per la propria affermazione.

Accanto ai pianeti così detti personali, ci sono quelli più lenti, espressione di ciò che la persona persegue per la sua crescita (Giove), ciò che la riconduce al senso di realtà e al limite (Saturno), ciò che le permette di evolvere e cambiare (Urano), ciò che la spinge verso un ideale spirituale (Nettuno) e ciò che le chiede di accettare la vita nei suoi cicli di morte e di rinascita (Plutone).

Sedi e Segni di Mercurio.

Così come nell'alchimia il mercurio era l'agente fondamentale per arrivare alla trasformazione dei metalli e alla loro elevazione, allo stesso modo il viaggio astrologico che il Sole/Io compie verso il Sè, un viaggio che inizia in Ariete e termina nel Segno dei Pesci, trova i suoi punti chiave proprio nei Segni collegati a Mercurio: Gemelli, Vergine e Scorpione, dove viene fornita la chiave d'accesso perché l'uomo si metta in contatto con la sua anima, arrivi alla completa conoscenza di se stesso e dia il suo specifico contributo all'Opera Creativa.

Il pianeta, il più vicino al Sole, col quale scambia mai più di un aspetto di congiunzione (28°), Signore dei Gemelli (Aria) e della Vergine (Terra), con la sua esaltazione nel segno dello Scorpione (Acqua) è un simbolo primario di comunicazione e di scambio; esprime così non solo l'intelligenza razionale, la percezione intellettuale ed il bisogno di conoscenza delle cose, ma anche la capacità di permettere ai vari principi energetici di entrare l'uno in contatto con l'altro, conoscersi, riconoscersi ed operare per la loro integrazione. Lo scambio energetico che promuove Mercurio, la sua capacità di portare la mente a scegliere di quale energia servirsi nello specifico di un'esperienza, è sottolineato proprio dalla vicinanza stretta del pianeta al nostro sole, alla possibilità di costituire un sostegno anche in quei momenti in cui la mente è messa alla prova da situazioni e circostanze emotivamente difficili e che provocano tensione.

Infatti, tanto quanto è leggero e curioso nel Segno d'Aria dei Gemelli, simbolo del *Puer Aeternus*, il *Bambino Divino* che è in ognuno di noi, lo Spirito creativo che ci spinge a credere nella vita, tanto quanto si fa più attento e profondo nel Segno di Terra della Vergine, dove la realtà viene passata al filtro della mente perché la ragione possa valutare ogni aspetto dell'esperienza, senza farsi deviare da idealizzazioni o errate interpretazioni.

Ma ancor più attento, sensibile e ricco di profondità si fa Mercurio nel Segno dello Scorpione dove l'energia d'Aria e di Terra del pianeta si miscelano con l'Acqua di Plutone e col Fuoco di Marte per permettere il passaggio dallo Scorpione al Sagittario, dall'ottava alla nona casa dell'oroscopo, dal finito all'Infinito, dall'ordinario allo straordinario, dalla visione personale dell'Io a quella universale e spirituale del Sé.

E' proprio il Segno dello Scorpione quindi, un pò bistrattato dall'astrologia tradizionale, che permette questo passaggio; è nella sede

Scorpione, dove il Sole astrologico trova la sua trasparenza, che ci si può spogliare delle emozioni inferiori che inquinano la coscienza ed impediscono di compiere l'individuazione: la rabbia, il senso di colpa e di fallimento, la paura, la vergogna, il senso di inadeguatezza e tutti quei sentimenti che sono diventati ri-sentimenti di un Ego ancora troppo forte, grazie all' "acqua amica" di Mercurio esaltato in Scorpione, miracolosamente si lavano via, si nobilitano e portano guarigione.

Scrive Howard Sasportas. astrologo junghiano, nel suo "Gli dei del Cambiamento": "Se intendiamo evolvere e raggiungere la completezza, dobbiamo espandere il nostro senso di identità includendo le emozioni primarie, gli istinti primitivi e i desideri conflittuali. Occorre accettare che fanno parte della vita e non condannarci per il fatto di essere loro soggetti. Ammettendo la loro esistenza e accettandoli come parte del nostro retaggio umano, possiamo avviare il processo che porta a riorientare l'energia imprigionata, canalizzandola in più proficue modalità espressive".[7]

Tra tutti i Segni d'Acqua, è quindi proprio allo Scorpione che viene affidato quest'arduo compito, il più difficile ma anche il più gratificante nell'attimo in cui la fase legata al Segno, che è insita in ogni individuo, si compie. La completezza astrologica infatti, si ottiene facendo esperienza di ciò che ogni Segno rappresenta, a seconda del percorso individuale e di quanto la persona sente di voler realizzare in quel preciso momento della sua vita.

Non esiste un Segno migliore di un altro, così come ogni fase alchemica era necessaria e presupposto obbligato alla fase seguente, anche ogni fase astrologica è necessaria per disporre dell'energia creativa che ogni Segno simboleggia, farla propria ed utilizzarla per compiere il proprio Sole.

Certamente l'acqua ed il suo potere trasformante è stata sempre vista nella simbologia mitica di ogni popolo come un elemento non solo di purificazione, ma anche d'immersione in una dimensione "altra" in cui si può coltivare il dialogo interiore; è grazie all'energia dei Segni d'Acqua,

---

[7] H. Sasportas, Gli Dei del Cambiamento, Astrolabio Ubaldini, Roma 2000, pag. 221

Cancro, Scorpione e Pesci, che ci si può incontrare con percezioni ed emozioni diverse, capaci di operare una ricongiunzione con le profondità sommerse della psiche, sconosciute alla coscienza e per questo da illuminare.

La collaborazione tra gli elementi della Natura, che sta a fondamento dell'astrologia umanistica, è ben riassunta dall'iscrizione di uno degli stipiti della "Porta Alchemica" che Massimiliano Palombara (1614-1680), marchese di Pietraforte, fece costruire nella sua residenza lì dove attualmente c'è Piazza Vittorio a Roma, emblema essa stessa dell'importanza che si attribuiva al messaggio alchemico in quei tempi:

QUI SCIT COMBURERE AQUA ET LAVARE IGNE
FACIT DE TERRA COELUM ET DE COELO TERRAM
PRETIOSAM
Chi sa bruciare con l'acqua e lavare col fuoco
fa della terra cielo e del cielo
terra preziosa.

Più specificatamente, la collaborazione tra Acqua e Fuoco viene mirabilmente riassunta dalla Tav. XVI della Clavis Artis, di seguito riportata:

Clavis Artis, Tav. XVI

Questo è il crogiolo dove l'Alchimista
Fonde e rende potabili i metalli;
I mezzi, i modi, i tempi e gli intervalli
Egli decide con maestria d'Artista.
La fiamma accesa in basso, lentamente
Si dilata ed ascende fino al vaso,
A che il crogiolo o l'Athanor sia invaso
Da un calore benefico e possente.
Da qui del vero Artista inizia il gioco:
Brucia con l'Acqua e spegne con il Fuoco.

Ma il potere fisico trasmesso da Marte e quello emotivo e psicologico collegato a Plutone perderebbero ogni possibilità di collaborare tra di loro se non intervenissero la buona Terra e l'Aria leggera di Mercurio, in grado di stemperare la forza distruttiva del Fuoco e dell'Acqua ed estrarne solo il potenziale creativo, bruciato e lavato, completamente purificato.

Scrive Murray Stein nel già citato "Principio d'individuazione": "Un processo d'individuazione esige che si mettano in discussione le nostre più importanti certezze culturali e le convinzioni alle quali siamo più affezionati. Questo vuol dire lasciare andare le precedenti identificazioni ed essere aperti ad esplorare ciò che è sconosciuto e spesso sgradevole. Deve esserci un atteggiamento aperto nei confronti dell'Altro e la disponibilità ad entrare in dialogo con quell'elemento straniero. L'elemento estraneo verrà così integrato in noi stessi, ma verrà integrato anche il rimosso, l'oscuro, lo spaventoso e il dimenticato". [8]

E' solo grazie a questo intervento da parte di Mercurio quindi che l'individuo può compiere quello scatto in avanti che vede il passaggio dallo Scorpione al Sagittario, dall'ottavo al nono settore dell'Oroscopo, dal materiale allo spirituale, dall'inconscio al superconscio, che altrimenti non potrebbe compiersi. Mercurio, pianeta dell'intelligenza e della percezione intellettuale, in Scorpione ricerca la percezione emotiva e fornisce la possibilità di andare oltre la visione limitata della mente per aprire a nuove intuizioni, mettendo ordine tra i vari componenti perché inizino a collaborare tra loro. Ciò significa che nulla potrebbe l'Aria dei Gemelli che ci invita ad essere concilianti e a lasciar andare, se l'archetipo non si arricchisse proprio della potenza che gli assicura lo Scorpione, dove collabora con la mente ad illuminare i contenuti rimossi dell'inconscio, dopo averli accettati e non giudicati, ma anche non sottovalutati.

Questo percorso di trasformazione e di giusto utilizzo dei vari principi energetici esistenti in natura potrebbe essere ben compendiato nel quadro "L'Alchimista" del pittore olandese Thomas Wjick "Il fiammingo" (1616-1700).

---

[8] M. Stein, Il principio d'individuazione, Moretti & Vitali, Bergamo 2010, pag. 140

Thomas Wjick, L'Alchimista

Il quadro si concentra sulla figura di un alchimista, completamente rapito dalla lettura che ha prodotto la sua ricerca.

Per nulla disturbato ma quasi sostenuto nella concentrazione dalla confusione che regna tutt'intorno, l'alchimista sembra aver bisogno del disordine esterno per poter mettere "ordine dentro di sé", così come è ben esemplificato anche in astrologia dove il bisogno impellente di ordine che chiede la razionale Vergine dovrà aprirsi comunque al caos che lo fronteggia dagli emotivi Pesci, perché possa avviarsi la giusta integrazione tra mente e cuore, tra ragione ed emozione, tra materia e Spirito che chiede la psiche.

Bibliografia di Mercurio Alchemico:

C.G. Jung, Studi sull'Alchimia, Opere, vol XIII, Bollati Boringhieri, Torino

C. G. Jung,, R. Wilhem: Il segreto del fiore d'oro, Bollati Boringhieri, Torino, 2001

J. Raff, Jung e l'immaginario alchemico, edizioni mediterranee, Roma, 2008

T. Vaughan, Coelum Terrae, in A.E.Waite, The Magical Writings of Thomas Vaughan, Kessinger, Kilo, MT s.d.

H. Sasportas, Gli Dei del Cambiamento, Astrolabio Ubaldini, Roma, 2000

M. Stein, Il principio d'individuazione, Moretti & Vitali, Bergamo, 2010

Venere Alchemica

"La contemplazione del bello
accende nell'anima il desiderio di compiere se stessa
e di generare a sua volta bellezza".
Aldo Carotenuto

Sandro Botticelli, 1482-1485
Nascita di Venere, particolare

Nel percorso alchemico di trasmutazione da una condizione materiale a quella spirituale, Venere/Afrodite, simbolo dell'Anima cognitiva junghiana, occupa sicuramente un posto fondamentale, indispensabile perché si compia l'intero processo di elevazione, favorito dall'incontro con la bellezza, sia essa contenuta nella natura, nell'arte, nella musica, nella poesia, o comunque in tutto ciò che ispira armonia, equilibrio ed amore.

Scrive Aldo Carotenuto in "Integrazione della personalità": "La bellezza deve essere considerata come forza attivatrice delle energie creative dell'individuo e la sua repressione come una manovra funzionale al depauperamento del sogno individuale a favore di un adattamento passivo ed accomodante".[9]

Gli alchimisti perseguivano la bellezza dell'anima.

Nel loro viaggio di ricerca, sapevano che dopo aver attraversato "l'oscura notte" della *Nigredo*, dopo aver permesso all'anima di fare esperienza della materia e dei limiti che questa impone, attraverso la mediazione di Venere, "la dorada" della mitologia, potevano accedere alla fase di mezzo del processo alchemico, l'*Albedo*, che faceva da ponte a quella della *Rubedo*, in cui la Pietra poteva rivelarsi.

Questo ruolo di mediatrice che aveva il pianeta in alchimia è ben espresso anche in astrologia, dove Venere, Signora del Toro e della Bilancia, accompagna l'Io verso l'incontro col Tu, che è innanzitutto un incontro con l'innata tensione all'armonia e all'amore che, preesistendo all'Io stesso, sono la più grande eredità dell'intera umanità.

E' Venere che, attraverso lo stupore naturale che ci coglie di fronte a qualsiasi forma di perfezione estetica, grazie al sublime che queste visioni esterne producono all'interno attraverso moti spontanei ed estatici del cuore, ci permette di uscire dal guscio narcisistico dell'Io per abbracciare l'altro.

E' per questo che i Romani parlavano di "Venus Verticordia", che apre i cuori, perché alcune dimensioni emotive si possono sperimentare soltanto attraverso percezioni più sottili che sfuggono al filtro dell'intelletto; attraverso il desiderio di partecipare dell'Amore divino che si manifesta nel Creato, Venere/Afrodite proietta l'Io verso il Sè, dove è celata la fonte espressiva e creativa di ogni creatura.

Venere presiede a qualsiasi forma creativa, al di là di ogni paura, al di là di ogni esitazione.

---

[9] A. Carotenuto: Integrazione della Personalità, Bompiani 2007, pag. 166

Dante G. Rossetti, 1864
Venus Verticordia

Grazie a Venere noi lasciamo il territorio dell'ordinario e del finito, e quindi il segno della Vergine e le sei case sotto l'orizzonte ed entriamo nello straordinario e nell'infinito, dalla Bilancia ai Pesci, ma per far questo dobbiamo iniziare da quello che gli alchimisti chiamavano "l'amor di sé" e cioè il rispetto e l'accettazione della nostra natura più completa, della nostra umanità, perché solo riconoscendo l'imperfezione del nostro essere terreni e finiti possiamo scoprire il potenziale divino ed infinito che è racchiuso in ognuno di noi. E' solo grazie a Venere che possiamo contattare la nostra parte più creativa ed accogliere i suggerimenti che vengono dal cuore, più che seguire soltanto la ragione.

E il primo stato d'animo in cui si incontra l'amor di sé e quindi il rispetto della propria interezza, è sicuramente lo stupore.

L'esperienza dello stupore.

Gli alchimisti davano un valore fondamentale a quella che definivano "l'esperienza dello stupore".

Erano convinti infatti che solo stupendosi di qualcosa all'esterno, l'uomo può toccare la propria essenza più vera, quello di cui è capace, il suo valore specifico ed essenziale, quello che lo può portare a contattare il divino che è nascosto dentro di lui, rappresentato dalle sue doti e dalle sue potenzialità, ma contemporaneamente sarà anche spinto a rifllettere e a stupirsi quando s'incontrerà con i lati inferiori della sua natura, con ciò che rinnega di sé, di cui non ha alcuna consapevolezza, ma che gli appartiene tanto quanto ciò in cui si è identificato. E' un processo lento ed inesorabile, dettato da quel bisogno tanto potente quanto inconscio della psiche di andare verso la completezza. Scrive Jeffrey Raff nel suo "Jung e l'immaginario alchemico": "La nostra voglia di essere integri e di abbracciare tutte le nostre parti ci permette di sperimentare noi stessi come creature totali". [10]

Nel dipinto del Botticelli, "La Calunnia" che l'artista dipinse nel 1496 e che gli alchimisti rinascimentali proponevano tra le opere capaci di accompagnare il percorso alchemico ed il valore della percezione visiva, procedendo da destra verso sinistra, vediamo che le due figure conclusive sono l'allegoria del Rimorso, vestita di nero e Venere, che impersona la "nuda Verità".

Rimorso è l'emblema dello stupore che si prova di fronte all'Amore che si fa bene assoluto ed unica Verità; il gruppo delle figure sulla destra, buie e sconvolte da sentimenti inferiori, allegorie dell'Ignoranza, primo fra tutti i sentimenti inferiori per gli Orientali, del Sospetto, del Livore, dell'Insidia, dell'Invidia e della Frode, è come se trovasse una sintesi nell'ultima figura oscura, quella di Rimorso che, mentre è ancora protesa col corpo verso la scena violenta che si sta svolgendo sotto i suoi occhi, volge lo sguardo a Venere con inquietudine, con sbigottimento, con stupore: è lo

---

[10] J. Raff, Jung e l'immaginario alchemico, edizioni mediterranee, Roma 2008, pag. 41

stupore che si prova per la facilità con cui la Bellezza e l'Amore ci fanno abbandonare i sentimenti inferiori e ci elevano; è lo stupore per il desiderio innato di tendere alla completezza, alla nuda Verità.

Non a caso il grande chimico alchimista Paracelso diceva che "l'alchimia è l'unico modo per separare il Vero dal falso".

Sandro Botticelli, 1496
La Calunnia

Ma potremmo anche attribuire un altro significato a questo bellissimo dipinto: la nuda Verità e quindi l'Amore e la Bellezza non possono essere colti nella loro essenza più pura se non dopo aver fatto esperienza e riconosciuto la parte inferiore ed ambivalente dell'animo umano; è per questo che i sentimenti inferiori stratificati nel fondo dell'inconscio diventano il prerequisito stesso della trasformazione, il substrato da cui si deve partire nel percorso d'individuazione, che non potrebbe mai compiersi se non dopo quest'atto di illuminazione, di coraggio e di accettazione della condizione umana.

Scrive l'astropsicologo junghiano Howard Sasportas ne "Gli Dei del Cambiamento": "Accettando, controllando ed elaborando i nostri complessi infantili, ci riconnettiamo con le parti di noi stessi che abbiamo bandito e rimosso. Sebbene questi moti emotivi riaffiorino in un primo momento in forma negativa, l'energia che contengono, un tempo negata ma ora risanata, si renderà nuovamente disponibile, per integrarsi nella nostra psiche in modi più costruttivi. Non solo libereremo l'energia racchiusa nei nostri problemi psicologici, ma recupereremo per nuovi utilizzi tutta l'energia che impiegavamo per arginarli. Niente di tutto questo è possibile finchè non abbiamo fronteggiato e riconosciuto l'animale che dimora nel fondo della nostra coscienza".[11]

Solo così la Bellezza diventa anche un principio di realtà, razionale e lineare così come l'astrologia vuole sia l'energia di Terra della prima Sede di Venere, Toro, e successivamente quella d'Aria, mediatrice e conciliatrice della Sede Bilancia, che diventano un mezzo di conoscenza interiore e contemporaneamente di ascesi verso il Cielo, così come nel dipinto ci illustra Venere, che rivolge lo sguardo e la sua mano destra verso l'alto indicando, come sintesi e ritorno ai luoghi cari allo Spirito, la via del Divino.

La Calunnia, particolare

[11] H. Sasportas, Gli Dei del Cambiamento, Astrolabio Ubaldini, Roma 2000, pagg. 224

Seguendo Venere, si ritrova "la strada di casa", una dimensione psichica specifica e personale in cui ci si può riconoscere, accogliere e rispettare perché si sente che quella è "la propria strada", non imposta da nessuno all'esterno, né da chi ha influenza su di noi, né dall'orientamento e dal sentire collettivo.

E Venere, desiderio e stupore, ci stupisce già nel mondo fisico per il semplice fatto che, a differenza di tutti gli altri pianeti, ci appare come Stella del mattino e della sera e ci accompagna in questo percorso terreno. Come se lei, figlia della Luna e sorella del Sole nelle leggende e miti dei popoli più antichi, primo pianeta per la civiltà Maya che interpretava in maniera evolutiva il passo dei suoi cicli, fornisse l'anello di congiunzione per riunire la Terra con il Cielo, la parte femminile con quella maschile dell'umana natura, spingendo l'Io a confrontarsi con *l'altro da sé* per trovare la giusta alchimia, l'alchimia del distacco, Venere pianeta d'Aria, l'alchimia dell'equilibrio, Venere Signora della Bilancia, la dea alchemica che è in ognuno di noi.

La definizione di "dea alchemica" è della studiosa junghiana Jean Bolen, che ne parla nel suo: "Le dee dentro la donna".

Le dee Vulnerate e le dee Vergini.

Nel libro, vengono presentate le dee della mitologia greca come immagini archetipiche di bisogni specifici della psicologia femminile che si attivano per far entrare in contatto la donna con l'interezza dei suoi potenziali, attraverso il riconoscimento che saprà fare durante l'esperienza di vita "della dea giusta a cui rivolgersi" per esprimere al meglio questi potenziali.

Le dee della mitologia greca rientrano in due specifiche categorie di divinità femminili che la filosofia junghiana distingue in quella delle così dette "Dee Vulnerate": Hera, la moglie; Demetra, la madre e Kore, la fanciulla/figlia e in quella delle così dette "Dee Vergini": Athena, dea della guerra e della saggezza, Artemide, dea della caccia e della Luna Nuova ed

Estia, la dea del fuoco.

La distinzione tra "Vulnerate" e "Vergini", nella psicologia mitica, non è certamente collegata alla sessualità, ma ad uno stato psicologico di maggiore o minore integrità interiore, tale che corpo, mente ed anima possano mantenersi liberi o meno da qualsiasi dipendenza psicologica ed emotiva.

L'archetipo della "Dea Vulnerata", dal latino "vulnus", "ferita", si ritrova di solito nella donna che ha necessità di coinvolgersi nelle esperienze con l'altro, di stringere rapporti molto intensi con le persone che ama, perché certa di potersi realizzare solo se in relazione affettiva stretta con un'altra persona, mentre l'archetipo della "Dea Vergine" è prescelto dalla donna che aspira a bastare a se stessa, ad essere "una in se stessa" e quindi autosufficiente ed indipendente a livello emotivo, a tal punto da rifiutare ogni legame che si riveli a lungo andare limitante per ciò che lei considera il bene più prezioso: la sua libertà.

Col termine "Vulnerate" quindi, s'intende una condizione psicologica che può indurre la donna che si sia identificata soprattutto in quest'archetipo divino a dipendere da un'altra persona per sentirsi realizzata o valorizzata, perché incapace di darsi valore da sola, di riconoscere la sua bellezza interiore, ma nello stesso tempo la espone al rischio di soffrire per inevitabili stati di perdita, di abbandono e tradimento proprio da parte delle persone da cui lei si è resa dipendente.

L'archetipo delle dee "Vergini" invece, se da un lato soddisfa la donna nel farla sentire libera di esprimere se stessa, rischia però di condurla in un territorio di deserto interiore, in una condizione di aridità psicologica ed emotiva che le impedisce di vivere intensamente la vita, di appassionarsi e dare senso alle sue scelte per paura di soffrire, impedendole così di esprimere le ricche sfaccettature del suo mondo emotivo.

A metà tra queste due categorie di dee, la Bolen colloca proprio Venere, definendola "Dea alchemica", perché - se pur fortemente autonoma ed indipendente nell'esprimere se stessa, come una dea Vergine - sceglieva di farlo immergendosi totalmente nell'esperienza del "qui ed ora" che stava vivendo, senza però lasciarsi imbrigliare in alcun modo dall'esperienza stessa.

Scrive Jean Bolen ne "Le dee dentro la donna": "Afrodite non fu mai vittima e non soffrì. In tutti i rapporti che ebbe, il desiderio fu un sentimento reciproco; non fu mai vittima della passione non ricambiata per un uomo perché attribuiva maggior valore all'esperienza emotiva *con* gli altri che alla propria indipendenza *dagli* altri (che motivava le dee vergini), o ai vincoli permanenti con gli altri (che caratterizzava le dee vulnerate)".[12]

Questa potenzialità di Venere è ben espressa in astrologia dove il pianeta simboleggia non solo la tendenza verso l'armonia e l'equilibrio, la capacità di amare e scambiare amore, ma anche il valore personale, la capacità razionale di scelta, l'anelito alla libertà e soprattutto il principio d'autostima. Infatti, pur essendo il pianeta dell'affettività e dello scambio sentimentale nella prima sede Toro, la sua seconda sede è in Bilancia, archetipo messo in relazione alla capacità razionale che regola le scelte e la conseguente soddisfazione che ne deve derivare.

[12] J. S. Bolen, Le dee dentro la donna, Astrolabio Ubaldini, Roma 1991, pag 214

Il glifo di Venere, che ricorda lo specchio e che si può assimilare all'egizia "chiave ankh", la chiave della Vita, rimanda ad un simbolo di verità, contro cui nulla può fare la mente conscia con i suoi inganni ed idealizzazioni; è un simbolo che punta soprattutto a far riflettere su quanto sia importante il rispetto e la conoscenza di se stessi, così che l'esperienza attirata dall'esterno possa illuminare la visione dei propri potenziali, del proprio valore personale, ma anche dei limiti e delle fragilità su cui lavorare.

Per questo motivo, in astrologia Venere è anche l'archetipo della relazione, un simbolo che rimanda alla prima relazione che abbiamo vista riflessa negli occhi di nostra madre e che ci aiuterà, sia nel caso si sia espressa in maniera positiva che deludente, a conoscerci meglio nella nostra interezza, ad accoglierci ed accettarci per esprimere o migliorare ciò che è stato ceduto, nel bene e nel male, alle origini della nostra storia.

Accanto alla Luna, il primo pianeta femminile di relazione, Venere ci indica il modo in cui poterci sentire in relazione con l'altro, accogliendolo nella sua interezza perché è stato fatto il giusto lavoro, non facile né indolore, di conoscere ed illuminare la propria.

Lavorare su quest'archetipo, visualizzarne le potenzialità così come le insidie, è fondamentale, per cui sarà necessario tornare alle radici della propria storia personale per vedere quanto di ciò che è stato introiettato in quell'età così precoce condizioni ancora le scelte dell'età matura.

Scrive Jung in "Ricordi": "In genere gli uomini attribuiscono molta importanza ai legami affettivi, ma questi contengono proiezioni che è necessario respingere per realizzare se stessi e l'oggettività. I rapporti emotivi sono rapporti di desiderio, viziati da costrizioni e mancanza di libertà. [...] La conoscenza obiettiva sta al di là della relazione affettiva; sembra essere il segreto essenziale. Solo grazie ad essa è possibile la vera *coniunctio*". [13]

---

[13] C.G. Jung, Ricordi, sogni, riflessioni, BUR Saggi, Milano 2016, pagg. 360-361

Comprendere l'importanza di conoscere e realizzare giustamente i dettami di Venere è fondamentale per riappropriarsi anche della capacità di scelta.

Non a caso, il pianeta,, precedendo astronomicamente Marte, principio di volontà e di azione, direziona l'energia libidica proprio lì dove il Sole astrologico vuole andare per realizzare se stesso, per dare senso alle proprie scelte e ricavarne significato.

Nel dipinto "Salone dei Mesi" del Palazzo di Schifanoia a Ferrara (1468-1470), al mese di aprile, si può notare come l'artista celebri il trionfo di Venere su Marte, proprio così come vuole l'astrologia; infatti l'azione di Marte potrà essere ben direzionata e fonte di soddisfazione soltanto se l'intenzione che sta alla base della scelta sarà in linea con i propri valori e non con quelli di qualcun altro o quelli a cui tende la psiche collettiva.

Francesco del Cossa, 1468-1470
Trionfo di Venere su Marte

Di fondamentale importanza sarà quindi conoscere "cosa" ricerca Venere, ciò che le piace e che desidera nella totalità dell'archetipo che rappresenta, per non esporsi alla delusione di un risultato che, fortemente voluto a livello cosciente dall'Io, diventerebbe una vera e propria non-scelta, perché apparirebbe ingannevole e deludente nel momento della conquista, vuoto e privo di soddisfazione, in quanto contrario o non in linea coi disegni del Sé.

Leggiamo ancora Aldo Carotenuto: "Senza una conoscenza di ciò che è sotteso ai nostri presunti desideri, non possiamo comprendere la ragione della direzione che decidiamo di assumere nella nostra vita, l'orientamento reale che diamo alle nostre azioni. Senza un tale tipo di conoscenza, la nostra esistenza trascorrerebbe nel tentativo vano di riempire il vuoto che ci abita: distoglieremmo lo sguardo dalla nostra realtà interiore, prefiggendoci delle mete, delle prospettive future non scelte".[14]

Conoscere, ri-conoscere ed attivare la propria Venere, assegnandole un ruolo fondamentale nel cammino che ogni donna ed ogni uomo dovrebbero intraprendere per arrivare alla conoscenza di sè ed in ogni stagione della vita, dall'adolescenza alla maturità fino al declino della vecchiaia, permette all'individuo di percorrere le tre tappe alchemiche fondamentali per trasformare quanto di sé è rimasto ancora oscuro perché vincolato da attaccamenti e bisogni solo personali (la *Nigredo*), quanto può permettergli uno stadio non più solo materiale, ma spirituale di apertura alla Verità (l'*Albedo*) e quanto può trasformare l'energia che si è resa disponibile dopo questo processo di elevazione, in fuoco creativo (la *Rubedo*).

E Venere, la "soror mystica" in alchimia, e quindi la sorella divina che permette all'alchimista di passare dal contatto con la materia alla rigenerazione mistica, alla rinascita iniziatica, nell' *Albedo* è associata al rame, l'*aes cuprum*, di cui era ricca l'isola di Cipro, che aveva dato i natali alla dea, simbolo lui stesso di unione e forza creativa.

---

[14] A. Carotenuto, Integrazione della personalità, Bompiani, Torino 2007, pag. 185

Infatti, nell'antica Cina, dove il termine "rame" ha il significato di "unione", si utilizzava il metallo per coniare monete con un foro al centro, che poi venivano poste l'una sull'altra sotto il letto degli sposi come augurio di durata e forza creativa.

Venere, "soror mystica" è in ognuno di noi, ma dobbiamo avere il coraggio di attraversare la prima fase.

Albedo

E' la fase che Jung definiva "della chiamata", una fase tanto oscura quanto segnata dalla violenza, così come violento era stato l'atto che aveva permesso la nascita della dea. Infatti, delle due versioni che ci vengono riportate, di Omero e di Esiodo, questi ci narra di come Afrodite fu generata in seguito ad un atto di violenza: l'evirazione da parte di Crono del padre Urano, i cui genitali cadendo in mare, formarono una spuma bianca (Αφρός) (Afrós), da cui nacque Αφροδίτη (Afrodite).

Sandro Botticelli, 1482-1485
Nascita di Venere, particolare

E ad atti di "violenza" veniva sottoposto anche il metallo vile durante il primo stadio del processo alchemico. Addirittura gli alchimisti parlavano di "martirio del metallo", come a dire che si trattava di un processo non breve, ma lento e doloroso di purificazione, in cui la fase di macerazione del metallo veniva collegata alla frustrazione dell'attesa, quella di putrefazione veniva collegata alla rinuncia del delirio di potenza e quella di distillazione, decantazione ed essiccazione venivano collegate alla capacità spirituale di bruciare tutto ciò che non si rivelava indispensabile e vitale per il raggiungimento della meta finale.

E' solo grazie a Venere che è unione, sentimento cognitivo ed immaginazione creativa che si può nobilitare e trasformare l'energia dirompente di Marte in coscienza consapevole e responsabile nell'azione, che si può ottenere una mediazione benefica e risanatrice.

Ed anche in astrologia, Venere in Bilancia si pone in un punto intermedio in cui si incontrano le energie opposte delle case sotto e sopra l'orizzonte; con la sua esaltazione in Cancro e trasparenza in Pesci, attraverso un moto d'amore ed accettazione nei confronti di se stessi e della propria interezza, apre all'amore e all'accettazione dell'altro, al rispetto della sua diversità. E' Venere che promuove l'Amore Universale. E' lei che fornisce gli ideali da perseguire e le priorità da individuare, secondo quelli che sono i reali valori, perché si è fatta chiara la scelta; è Venere che ci fa incontrare con le nostre manchevolezze che dobbiamo perdonare; ci fa capire l'importanza del reale contatto con l'altro e non solo con l'immagine illusoria ed idealizzata che dell'altro ha creato la mente; è Venere che opera la *Coniunctio Oppositorum,* in modo che gli opposti psichici possano finalmente collaborare tra loro alla creazione della coscienza alchemica, né maschile, né femminile, ma androgina e riassuntiva della Verità Assoluta.

Venere e l'incarnazione.

Un altro significato specifico di Venere è il desiderio.

Il pianeta, che non si distacca mai dal sole se non per un aspetto di semi-quadratura (45°), ritrova nell'astrologia umanistica il significato di sostegno all'intero progetto di vita, visto che il Sole astrologico è strettamente collegato a quanto bisogna realizzare per compiere l'individuazione.

Venere è quindi collegata specificamente all'intento che sta alla base dell'incarnazione, al perché l'anima abbia scelto d'incarnarsi proprio in quel preciso momento del suo cammino, proprio in quel preciso tempo, in quel preciso posto; cosa ha richiamato fortemente il suo desiderio e di conseguenza la sua scelta, perché Venere è principalmente "desiderio e scelta".

Non a caso i Maya impostarono tutta la loro filosofia sul così detto "ciclo dei mondi", un sistema di misurazione che si avvaleva di calcoli particolarmente sofisticati fatti proprio sul moto di Venere, così come la chiave ankh egizia, simbolo della vita, ricorda il suo glifo.

"Dea di Cipro, che infonde il dolce desiderio negli Dei" scrive Omero nel suo "Inno ad Afrodite", a tal punto che si potrebbe concludere che Venere è la base fondamentale ed imprescindibile da cui deve partire l'intero percorso d'individuazione.

Scrive Aldo Carotenuto nel suo "Integrazione della Personalità": "La contemplazione del bello accende nell'anima il desiderio di compiere se stessa e di generare a sua volta bellezza ed ogni sua mortificazione comporta anche un impoverimento della dimensione desiderante. Assistiamo oggi a quella che chiamo "l'astrazione del desiderio": svincolato dalle sua radici istintuali, il desiderio perde il suo oggetto, se ne allontana, relegandolo nelle regioni dell'assenza o dell'idealizzazione. E' un'operazione di lento tradimento della nostra dimensione interiore, una repressione che l'individuo paga col malessere dell'anima".[15]

Recuperare il valore del desiderio, "de-sidera", "dalle stelle", significa anche permettersi di essere veri con se stessi e con quanto l'anima ha immagazzinato durante il suo "viaggio" ed è pronta a ricercare per dare senso e significato alla sua incarnazione. Ed altrettanto ne consegue che, per arrivare alla *Coagulatio*, atto finale dell'*Opus* alchemico, si deve partire proprio dal desiderio, dall'atto iniziale, arcaico ed inconscio che "muove la vita".

Sole e Venere sono i motori dell'Universo, sono quell'impulso dinamico e mai fisso che ci spinge a ricercare ciò per cui ci siamo incarnati.

Ciò significa che Venere, principio femminile d'amore e di bellezza, sostiene il Sole nel suo cammino, orientandolo verso le scelte che sostengono il progetto originario e da parte sua il Sole - principio maschile di vita - le infonde la consapevolezza che è solo grazie alla scelta personale che possiamo sentirci realizzati e compiuti.

---

[15] Ibid. , pagg. 166-167

Una volta che si comprende l'importanza del "desiderio" come motore dell'Universo, come scintilla che genera la vita, si può lavorare sul perfezionamento e raffinamento di tutto quanto c'è da allineare alle motivazioni dell'esistenza stessa, alla necessità di operare per un superamento degli attaccamenti e le brame dell'Ego, sostenendo l'Io, per poter passare poi dall'Io al Tu, dall'Eros all'Agape, dall'amore egoistico a quello disinteressato, l'Amore Universale.

E possiamo chiudere lo studio su Venere/Afrodite con quanto leggiamo su di lei ne "La via dei Tarocchi", di Alejandro Jodorowsky e Marianne Costa a proposito dell'arcano n° 17 "Le Stelle", associato al pianeta:

"Sono nel mondo, sono del mondo, agisco nel mondo.
Sono in me, sono di me, agisco in me. Separata e unita nello stesso tempo
minuscolo ingranaggio di una macchina cosmica, collaboro, ricevo e do, assorbo e
distribuisco.
La mia nudità è totale: nessun principio mi guida,
nessuna legge che non sia quella naturale.
Se dico " sono" è perché nell' infinita molteplicità
degli esseri e delle cose
ho trovato il mio posto, nel mondo e in me stessa, non ha importanza dove.
Non ho bisogno di cercare, non ho nessuna immagine di me stessa,
sono al mio posto. Qui e ovunque, volontariamente legata.
Sono in ciascuna particella di polvere, in ciascun territorio,
in ciascun corso d' acqua, in ciascuna stella,
in ciascuna parte del mio corpo.
E come faccio a non rispettare il mondo
le mie ossa e la mia carne?
Tutta questa materia non mi appartiene,
mi è stata data in prestito soltanto per un frammento di tempo.
E la rispetto perché è il
mio tempio, il tempio dove risiede il Dio impensabile.

Lo spirito è materia, e la materia è spirito,
l'universo nasce ed esplode costantemente
e al suo centro, là dove mi sono inginocchiata, io sono.
In ogni attimo, non abbandono mai il presente.
Nulla può incatenarmi,
ne' il passato ne' il futuro. Ne' i sentimenti ne' i progetti.
Costante, fedele al mio posto, ricevo e do. E quando dico
"sono del mondo e di me stessa" significa che mi abbandono senza reticenze,
eliminando alla radice ogni critica. Non giudico. Amo e servo.
Non mi allontano mai, neanche per lo spazio
dello spessore di un capello;
appartengo, quindi venero, obbedisco. Perciò sono nuda, nuda
come un albero, un uccello o una nuvola.
Sono del mio corpo, della mia carne e del mio sangue;
essendo, mi è impossibile abbandonare o
abbandonarmi a me stessa.
Come non amare ciò che mi possiede amorosamente?
E colma di questo amore di schiava, raggiante,
agisco sul mondo e su me stessa.
Mi apro a tutti gli infiniti, lascio circolare
in tutti i pori della mia pelle
l'alito degli dei. Mi lascio attraversare da tutti i misteri.
E al centro del mio ventre, divenuto infinito,
ricevo e lascio nascere la luce nella sua interezza".

Bibliografia di Venere Alchemica:

A. Carotenuto: Integrazione della Personalità, Bompiani, Milano 2007

J. Raff, Jung e l'immaginario alchemico, edizioni mediterranee, Roma 2008

H. Sasportas, Gli Dei del Cambiamento, Astrolabio Ubaldini, Roma 2000

J. S. Bolen, Le dee dentro la donna, Astrolabio Ubaldini, Roma 1991

C. G. Jung, Ricordi, sogni, riflessioni, BUR Saggi, Milano 2016

C. G. Jung, Studi sull'Alchimia, Opere, vol 13, Bollati Boringhieri, Milano

M. L. von Franz, Alchimia, Bollati Boringhieri, Torino 2015

A. Jodorowsky, Marianne Costa, "La Via dei Tarocchi", Feltrinelli, Milano 2009

Marte Alchemico

*"Non di forza e di potenza c'è bisogno
ma il primo per conoscenza sarà Re"*
Eschilo (Prometeo Incatenato)

Marte, Codice De Sphaera, 1470 ca.

Tra i vari archetipi che incontriamo nel viaggio alchemico di trasmutazione dei metalli vili in oro, un particolare significato assume Marte non solo nell'ultima fase del processo di trasformazione dei metalli vili in oro, lo stadio dell'Opera al Rosso, la *Rubedo*, ma in tutto il percorso simbolico in qualità di fuoco purificatore, capace di trasformare gli istinti e i sentimenti irredenti in energia creativa che è presupposto indispensabile per arrivare alla realizzazione della coscienza spirituale.

Infatti, il fuoco interveniva sulla "Prima Materia" sia nel processo di dissolvimento graduale del metallo, sia in quello di coagulazione e composizione di una nuova forma, grazie al sapiente uso della fiamma che l'alchimista controllava, dosandone la forza sotto il crogiolo.

Il fuoco, infatti, doveva essere sapientemente calibrato e attentamente seguito a che non si verificassero picchi di calore, né all'opposto, lo spegnimento, pena il fallimento dell'intera Opera.

L'Atalanta fugiens.

> *"Ricevi dunque in un solo libro quattro specie di cose:*
> *composizioni allusive, poetiche, allegoriche,*
> *emblemi nel venereo rame incisi e di venerea grazia adorni,*
> *verità chimiche secretissime che l'intelligenza tua sonderà,*
> *infine musiche delle più rare:*
> *fa buon uso di ciò che t'è qui dato".*
>
> Michael Maier

Michael Maier, Atalanta Fugiens, 1617

Nella trattazione del Marte alchemico, verranno presentati tutta una serie di emblemi dell'*Atalanta Fugiens*, opera d'alchimia ed esoterismo, scritta nel 1617 da Michael Maier, (1566-1622), medico paracelsano, alchimista e musicista che frequentò la corte praghese di Rodolfo II (1552-1612),

57

diventandone non solo il medico personale ma anche segretario di fiducia.

L' *Atalanta* è un trattato d'ispirazione neoplatonica, in cui vengono presentati, attraverso 50 emblemi, affiancati da epigrammi e "fughe" musicali, i principi cardine dell'alchimia spirituale, secondo i dettami dei Rosa-Croce, di cui Maier era uno dei più alti rappresentanti.[16]

Attraverso l'elencazione d'incisioni, attribuite all'artista svizzero Matthäus Merian, nonché ad epigrammi e "fughe" musicali, l'autore ci trasporta in un mondo onirico, d'immagini e simboli ermetici di rara bellezza.

Guido Reni, Atalanta ed Ippomene, 1615

---

[16] http://alchemywebsite.com/prints_series_atalanta.html

Il titolo dell'opera prende spunto dal mito greco di Atalanta ed Ippomene, particolarmente indicato, a mio avviso, a sintetizzare lo scopo ed il fine ultimo dell'alchimia spirituale.

Atalanta, figlia di Scheneo, re di Sciro, a seguito delle insistenze del padre a scegliere uno sposo, decide di sfidare i pretendenti alla corsa, arte in cui lei eccelleva e primeggiava da sempre. Tutti coloro che non fossero risultati vincitori sarebbero stati messi a morte. Dopo molti tentativi, tutti falliti dai vari pretendenti, Ippomene riesce a vincere su Atalanta attraverso l'espediente di far cadere durante la corsa tre mele d'oro, che la fanciulla si fermerà a raccogliere per farle sue.

L'Atalanta "che fugge", simbolo dell'Anima cognitiva, è la rappresentazione della locuzione attribuita ad Augusto *Festina lente* (affrettati ma lentamente) e molto amata dagli alchimisti: dimostra cioè come il lavoro introspettivo abbia bisogno di attenzione, di cura e approfondimento per poter arrivare alla meta finale: l'incontro tra gli opposti, l'unico che può promuovere la nascita dell'*Homo Novus*.

La Calcinatio.

"La nostra Pietra è nel fuoco astrale, che simpatizza col fuoco naturale e, come la salamandra, nel fuoco naturale nasce, si nutre e cresce".
C. G. Jung

In chimica, la calcinazione consiste nel portare un solido a temperature molto elevate per farne uscire la parte liquida che in tal modo volatilizza, lasciando come risultato una polvere secca simile a cenere.

Ecco perché, secondo gli alchimisti, la calce era equiparata al fuoco. Leggiamo nel *Rosarium philosophorum*, un testo alchemico del XIII secolo: "Calcinazione significa riduzione sotto forma di cenere bianca o terra o calce bianca per mezzo dello spirito dell'operazione, la quale riduzione avviene per mezzo del nostro fuoco".

Secondo il pensiero junghiano, il fuoco simboleggia la *libido*, l'energia psichica che si genera quando emozioni discordanti o paradossali generano sofferenza e frustrazione all'interno della psiche ed il conseguente bisogno di trascenderle, riunendo gli opposti. Si tratta di un fuoco sacro perché, mentre brucia ed alimenta i sentimenti inferiori e i desideri istintuali, contemporaneamente e proprio grazie alla frustrazione che ne deriva, spinge la psiche verso la loro purificazione. Il risultato è che l'Io ne risulta consolidato e raffinato.

Ma questo potrà avvenire solo se non si negheranno i sentimenti e le passioni brucianti perché è più forte la vergogna della loro intensità. Potrà avvenire solo dopo essersi liberati dall'affetto malsano e dai sentimenti irredenti che allagano e posseggono la psiche, perchè non ci s'identifica più con i propri eccessi emotivi, né con quelli degl'altri.

Scrive Jung in "Ricordi": "Un uomo che non sia passato attraverso l'inferno delle passioni non le ha mai superate: esse continuano a dimorare nella casa vicina e in qualsiasi momento può guizzarne una fiamma che può dar fuoco alla sua stessa casa. Se rinunciamo a troppe cose, se ce le lasciamo indietro, e quasi le dimentichiamo, c'è il pericolo che ciò a cui abbiamo rinunciato o che ci siamo lasciati dietro le spalle, ritorni con raddoppiata violenza". [17]

Lo zolfo.

In alchimia, Marte - oltre che all ferro - potrebbe essere associato allo zolfo, che Jung chiama *Spiritus vitae*. Essendo un principio d'azione, è anche il motore che orienta le scelte dell'Io, sostenendolo e guidandolo verso la meta.

Scrive Marie-Louise von Franz nel suo "Alchimia": "Si potrebbe interpretare lo zolfo come pulsionalità, come lo stato dell'esser mossi dalle pulsioni. Non sarebbe esatto identificarlo con la pulsione stessa, in quanto si tratta piuttosto dello stato o della qualità dell'esser mossi da, spinti o travolti". [18]

Così come il Sole/Io, a seconda degli aspetti astrologici che compie con gli altri pianeti può esprimersi in maniera positiva o negativa, altrettanto in alchimia, lo zolfo - con le sue due definizioni di "interiore" ed "esteriore" - aveva due valenze: quella "esteriore", era la sua manifestazione più grezza, quella che doveva essere trattata col mercurio per permettere una vera trasformazione; lo zolfo "interiore" invece, era la parte nobile della sostanza, quella che si era affinata dopo il contatto col mercurio, che ne spegneva l'infiammabilità, rendendola solida e stabile.

---

[17] C.G. Jung, Ricordi, sogni, riflessioni, BUR Saggi, Milano 2016, pag. 337

[18] M. L. Von Franz, Alchimia, Bollati Boringhieri, Torino 2015, pag. 105

Zolfo alchemico

Spostando tutto sul piano simbolico, se lo zolfo "esteriore" è lo specchio delle influenze della mente collettiva sull'individuo, ciò che lui è portato a fare per sentirsi integrato, a costo di amputare parti fondanti del proprio Sé per la paura del rifiuto o del fallimento, lo zolfo "interiore" è la ricerca della propria specificità, del proprio contributo, unico e speciale, da portare al mondo, ma soprattutto simbolo della sua spiritualità.

Ciò significa che quanto più l'individuo riuscirà a servirsi del suo Marte ascoltando i richiami interni del Sé, tanto più sarà in grado di realizzare il suo progetto e di trovarvi soddisfazione, perché avrà seguito non più i dettami dell' "esterno", ma esclusivamente la sua interiorità.

Marte, guerriero del Sole, dio della Rubedo, deve essere per questo compreso ed interiorizzato; le sue pulsioni accettate e decifrate, mai negate.

Nella bellissima illustrazione tratta dall'opera di Salomon Trismosin, Splendor Solis, il simbolo marziano è evidenziato in tutta la sua forza. L'uccello a tre teste infatti è simbolo della materia che, sottoposta a tre sublimazioni, si è fatta pura. Le scene di lotta in basso ed i cavalieri sullo sfondo rimandano agli attributi ed alla gloria di Marte che, in alto, lotta con lancia e scudo, simboleggiando la lotta per purificare e condensare la materia.

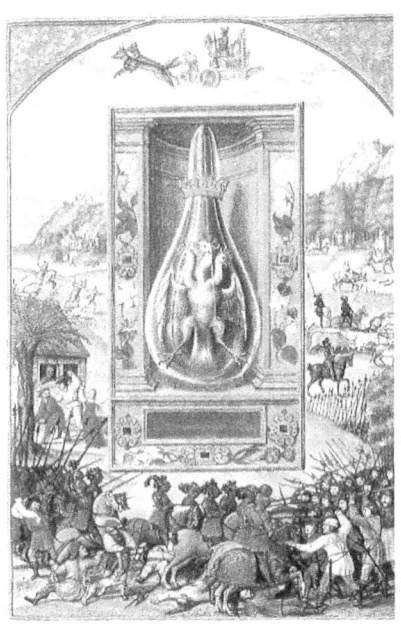

"Salomon Trismosin, Splendor Solis, gloria di Marte

Fondamentale sarà quindi imparare a conoscere l'archetipo marziano nelle sue reazioni, non soltanto quelle coscienti, ma soprattutto quelle inconsce, che rischiano di orientare la scelta verso direzioni tanto illusorie quanto impossibili.

E' solo dopo questo riconoscimento ed integrazione, si può ottenere ciò che gli alchimisti chiamavano "la bianca terra fogliata", incarnazione del Sé; dopo che sia avvenuta una presa d'atto di ciò che brucia dentro, dopo che sia avvenuta una deprivazione di tutto ciò che può sembrare indispensabile all'Io, ma che in realtà non lo è.

Atalanta Fugiens, Emblema VI
"Seminate il vostro oro nella bianca terra fogliata"

I contadini affidano il grano
Alla pingue terra dopo averla sfogliata
Con i loro rastrelli.
I filosofi ci hanno insegnato a spargere l'oro
In campi nivei che han come dei fogli lievi.
Per far ciò, guarda bene e, al par che in uno specchio,
vedrai nel grano il modo in cui l'oro germina.

E se da un lato l'Io sembra accasciarsi e disperarsi per questa deprivazione, se è totale e inesorabile la sensazione di svuotamento ed annichilimento che lo permea tutto, dall'altro ne esce rafforzato, temprato e vivificato, ma soprattutto pronto ad aprirsi alla fase successiva, che aspetta soltanto di farsi manifesta.

Marte in mitologia e astrologia

Ares, il dio greco della guerra, è l'archetipo per eccellenza della forza fisica, che evolve e si trasforma gradualmente nel modello più maturo e completo del Marte latino.

Infatti, così come l'Ares greco era venerato come un dio invincibile perché dotato di una forza quasi bruta, mai domata dalla ragione; era un simbolo di furia che si faceva cieca e che lo trascinava in ogni battaglia con lo scopo di "lottare e basta", per rispondere a un affronto o per un semplice bisogno di primato, alla lotta superiore e salvifica si associa invece il Marte latino che, se pur sempre divinità guerriera, era onorato dagli antichi romani come la massima divinità dell'Olimpo, perché non solo valente guerriero, ma anche dio della natura e della fertilità.

E' così che nel Marte latino l'archetipo mitico del dio della guerra si affina e per così dire si spiritualizza nell'intento delle scelte, che verranno orientate a lottare principalmente per cause giuste e superiori, più che per un utile solo personale, o per antagonismo, o semplice desiderio di vittoria sull'altro.

Potremmo anche associare il Marte latino alla figura del Samurai del Giappone feudale, che affianca alla forza fisica del guerriero Ninja, archetipo avvicinabile all'Ares greco, la capacità d'essere leale con il nemico, senza strategie ambigue o colpi bassi, secondo un'etica superiore che lo stesso termine "samurai" significa: mettersi al servizio.

Secondo questo modello, l'uomo è forte non solo perché naturalmente dotato dalla natura di forza fisica, ma perché "si sente forte" di un'energia interna, mai scissa dalla volontà di operare dopo aver illuminato i suoi intenti, coscienti ed inconsci.

Lo stesso percorso evolutivo colto dal mito si ritrova anche nell'astrologia umanistica che si rifà direttamente al percorso d'individuazione junghiano e alla necessità di ricomporre gli opposti che scindono la psiche.

Il Marte astrologico, pianeta maschile di Fuoco, Signore dell'Ariete e dello Scorpione, simboleggia l'energia che fluisce dal dentro al fuori.

E' quindi un archetipo strettamente collegato all'azione, all'attacco e all'affermazione, al coraggio e alla determinazione, alla sessualità, all'impulso vitale stesso e il suo viaggio nei segni di Fuoco illustra pienamente il passaggio simbolico che l'individuo dovrà fare per raggiungere uno stadio conclusivo di completezza, in cui la forza fisica non potrà avere alcun valore se non affiancata dalla forza morale, dalla capacità di lottare per i propri ideali con etica e senso del limite, perché si saranno illuminati anche gli obiettivi inconsci, lasciando andare ciò che non può aggiungere nulla all'emancipazione e soddisfazione personale, ma soprattutto al progetto spirituale che l'anima porta con sé.

Non a caso, il simbolo marziano è anche messo in relazione alla nobilitazione della forza fisica attraverso lo sport.

Il sentimento d'unione e di superamento delle diversità, l'amore per la competizione che ha sempre presente il riconoscimento del limite, della giustizia e del merito, la capacità di rinunciare alla gloria personale se si persegue un risultato collettivo, sono strettamente collegati all'espressione più nobile del simbolo marziano, alla capacità di guardare all'avversario con rispetto e dignità perché l'intento finale non è mai circoscritto alle soddisfazioni dell'Ego, ma al riconoscimento che lo strumento sportivo sia soprattutto un mezzo d'elevazione dello Spirito e dell'anima.

Il coraggio dell'archetipo marziano compiuto, da "cor,cordis", cuore, non è mai velleitario o inconsapevole di ciò che giace nell'inconscio, ma strettamente collegato alla presa in carico, nel bene e nel male, delle scelte fatte.

Se la scelta in astrologia umanistica infatti è legata a Venere, pianeta femminile che orienta la scala di valori e stella polare per tracciare la rotta, per sostenere il Sole ad individuare la meta perché possa realizzare se stesso, Marte è l'azione diretta per conquistare la meta, è la capacità di interrogarsi per cosa e per chi si stia lottando, se per rispondere a schemi collettivi e modelli convenzionali, o per i valori personali suggeriti da Venere e dal cuore.

Segni e Sedi del Marte astrologico.

Queste fasi di perfezionamento e conquista interiore sono ben simboleggiate dalle tre sedi astrologiche del pianeta, il primo che incontriamo dopo la nascita, messa in relazione col segno dell'Ariete, che dà il via all'intero viaggio zodiacale; è infatti Marte che spinge l'individuo alla lotta, a portare avanti la sua volontà e a difendersi quando sia messa a rischio la sua incolumità.

Marte è simbolo del sangue che scorre nelle vene, della vita stessa che ci sprona ad agire e, proprio grazie al suo significato originario di "azione", assume coloriture specifiche nei tre Segni di Fuoco, che possono essere associate al processo di fusione con l'antimonio che si praticava in alchimia: è fuoco primordiale in Ariete, simbolo dell'impulso all'azione e istinto di sopravvivenza; è fuoco in pienezza in Leone, simbolo dell'azione affinata dalla forza interiore e fuoco dello Spirito in Sagittario, dove l'azione si fa prospettica e lungimirante, perché sono stati integrati il valore della rinuncia e quello dell'attesa.

Allo stesso modo, fondamentali sono le Sedi in cui Marte fa sentire la sua azione evolutiva: infatti nasce in Ariete come simbolo d'impulso cieco ed irrazionale, si affina nel Segno dello Scorpione dove è spronato a confrontarsi con la propria umanità e si compie nel Segno del Capricorno, simbolo della forza interiore raggiunta ed ultima tappa del viaggio marziano.

Per arrivare a questo stadio, equiparato a quello finale della *Rubedo*, l'archetipo deve attraversare proprio la fase della *Citrinitas*, in astrologia messa in relazione al passaggio dall'Acqua profonda dello Scorpione al Fuoco che arde sotto le ceneri del Sagittario, il Segno che precede l'esaltazione del viaggio marziano, il Capricorno.

Il viaggio astrologico dell'elemento Fuoco si compie quando l'acqua dello Scorpione, resa torbida dai sentimenti inferiori ancora irredenti, si prosciuga e si consolida nella *Coagulatio*, così come la cenere dà vita al corpo redento e spiritualizzato. L'esaltazione di Marte nel segno di Terra del Capricorno conferma l'importanza di seguire passo dopo passo ciò che i tre segni di Fuoco stanno a significare.

Così come il fuoco risultava essere la componente più importante nel processo alchemico per pervenire allo stadio finale della *Rubedo*, anche nell'astrologia umanistica il Fuoco di Marte arde e forgia l'anima, la tempra e la rafforza nelle prove, la incoraggia e la guida nella conquista, la purifica e sacralizza le sue scelte fino al traguardo finale che sprigiona lo Spirito.

"La pietra filosofale" di Lambsprinck.

Per spiegare le molte analogie che potrebbero esserci tra il Marte alchemico e quello astrologico, si possono osservare alcune stampe che fanno parte del libro dell'alchimista Lambsprinck, "De Lapide Philosophorum", "La pietra filosofale", pubblicato diverse volte tra la metà del '600 e gli inizi del '700. Le stampe, altrettanto belle ed affascinanti quanto gli emblemi della *Clavis Artis* e dell' *Atalanta Fugiens,* sono riportate ed interpretate da Jeffrey Raff, discepolo di Jung, nel suo libro "Jung e l'immaginario alchemico", dove l'Autore collega le esperienze immaginative degli alchimisti al percorso di individuazione junghiano, ma anche alla forza spirituale di questo percorso, specchio della tensione innata dell'animo umano verso il Divino.[19]

Attraverso l'elencazione e l'illustrazione dei vari emblemi, l'autore insiste sull'importanza del simbolo e dei sogni per accedere al pozzo immaginativo dell'inconscio collettivo, per interagire con immagini arcaiche spontanee, con figure di sostegno che possono aprire alla funzione intuitiva della mente, la *Funzione Trascendente*, che fa da ponte per permettere alla coscienza di trovare nell'inconscio le risposte più appropriate a molte tensioni, paradossi e contraddizioni che coabitano nell'animo umano.

Primo emblema: il viaggio nell'inconscio.

Il primo emblema, che fa parte di una teoria di 15 stampe, richiama immediatamente non tanto la prima sede di Marte, l'Ariete, primo Segno del viaggio zodiacale, ma l'ultimo, quello dei Pesci. Sarà infatti necessario distinguersi dalle istanze dell'inconscio collettivo che i Pesci simboleggiano per arrivare alla fase Ariete, in cui avviene la nascita, perché il viaggio di individuazione è soprattutto un viaggio di differenziazione dai valori collettivi, coscienti ed inconsci, che possono condizionare ma anche

---

[19] Raff J., Jung e l'immaginario alchemico, Edizioni Mediterranee, Roma 2008

promuovere, nel loro superamento, lo sviluppo del Sé.

Scrive Jung in "Mysterium", citando il fisico alchimista Gerhard Dorn (1530-1584): "Tu non realizzerai mai l'*Uno* che cerchi a partire dalle altre cose, se prima non sarai divenuto *Uno* con te stesso". [20]

La stampa illustra una scena marina in cui sono raffigurati in primo piano due pesci che nuotano in direzione opposta, così come nel glifo del Segno dei Pesci, in uno specchio d'acqua su cui si affacciano una città sulla destra ed un bosco sulla sinistra, mentre una nave solca le acque al centro della stampa:

Anche Jung si concentrò sul significato dei Pesci astrologici; in "Aion", "The Historical Significance of the Fish", mette il Segno in relazione alla tensione tra gli opposti e la conseguente necessità di trovare un giusto mezzo tra loro per ricomporre la scissione. Una ricomposizione fattibile in astrologia proprio per la possibilità d'integrazione tra l'Acqua del Segno dei Pesci, e l'opposta Terra del Segno della Vergine, ben illustrate dal glifo del Segno in cui un filo impercettibile mantiene uniti i due pesci, se pur spinti in

---

[20] C. G. Jung, Mysterium Coniunctionis, Opere, Vol. XIV/1, Boringhieri, Torino, pag. 482

direzioni contrarie.

Il primo emblema quindi, è posto in relazione all'inizio dell'Opera alchemica, in cui la mente conscia simboleggiata da un pesce e quella inconscia dall'altro si dovranno riunire in una Totalità onnicomprensiva, così come si dovranno collegare anche le altre duplicità presenti nella stampa.

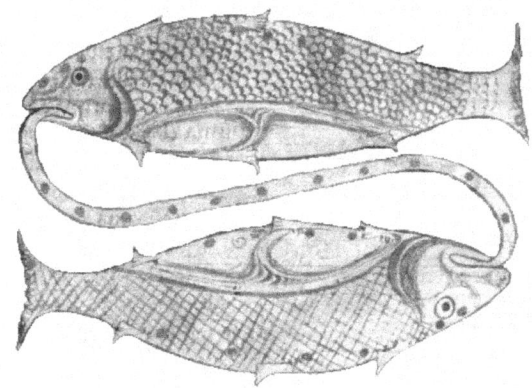

Glifo dei Pesci

Infatti, per gli alchimisti, "il contenitore" doveva diventare "contenuto", mentre nell'immagine della foresta su di un lato, simbolo dell'inconscio, e della città sull'altro, simbolo della mente conscia, non c'è ancora contatto.

La barca ed il suo nocchiero rappresentano l'Io che inizia il suo viaggio d'individuazione in un contesto in cui non c'è ancora la consapevolezza del Sé, ma nemmeno l'identificazione con uno dei due poli.

L'unico modo quindi per accedere all'inconscio e trovare una possibilità di scambio con lui è riconoscerne l'esistenza, non identificandosi soltanto con la mente conscia razionale, né tanto meno restando immersi in una indifferenziata fusione con l'inconscio. Ma se l'Io è ormai pronto ad avviarsi verso una giusta ricerca, anche il Sé cerca la ricongiunzione con la coscienza, perché sa che solo il lavoro paziente ed accurato dell'Io può permettere la sua trasformazione da "Sé latente" e cioè sopito ed involuto in "Sé manifesto".

Scrive Marie-Louise von Franz in "Alchimia": "L'Io è identico al Sé nella misura in cui è lo strumento di autorealizzazione del Sé. Solo un Io egoisticamente inflazionato è in opposizione al Sé. L'Io, nella giusta funzione, è la luce nel buio dell'inconscio ed è, in un certo qual modo, assimilabile al Sé".[21]

Il viaggio nel mare dell'inconscio quindi, è possibile ed affrontabile soltanto nel caso si abbia la volontà di aprirsi alla conoscenza anche di ciò che spaventa perché ignoto, così come si può temere un bosco fitto ed oscuro perché non lo si conosce, ma si intuisce che porterà all'unica via possibile, di Verità e d'Amore.

Secondo emblema: L'azione dell'Io. Marte in Ariete.

Il secondo emblema rappresenta una scena in cui un guerriero sguaina la spada per difendersi ed abbattere un drago che lo sta minacciando.

---

[21] M. L. von Franz, Alchimia, Bollati Boringhieri, Torino 2015, pag. 125

E' l'Io che si è spostato nell'inconscio e cerca di fronteggiarlo e il guerriero che dovrà battersi con lui ha tutte le caratteristiche del Marte in Ariete, coraggioso ed imprudente nello slancio in avanti, anche se attrezzato di scudo, spada, elmo e corazza.

La stessa spada che il cavaliere sguaina con fare minaccioso contro il drago assume il valore di "acutezza della mente" che riesce ad affrontare il caotico mondo dell'inconscio.

Qui l'inconscio ed il Sé latente hanno bisogno della forza razionale della mente, della sua capacità di discriminare e spezzettare i vari contenuti psichici, sciogliendoli, per permettere loro di ricomporsi in una forma nuova, non separata e totalmente integrata (solve et coagula). Ma si potrebbe trovare anche un'altra lettura in questo bellissimo emblema: il cavaliere indossa elmo e corazza, è equipaggiato di tutto punto forse per simboleggiare le difese che la mente conscia deve mettere alle irruzioni dell'inconscio come prima reazione al contatto.

L'Io non dovrebbe mai sottovalutare il potere dell'inconscio, né tanto meno affidarsi a lui, rinunciando alla sua trasformazione. Il terrore di essere sopraffatta da queste forze, caotiche ed irrazionali può lasciare sgomento l'Io, che potrebbe facilmente adattarsi a ciò di cui ha coscienza, guardare a questo limite come ad un riparo dalla disintegrazione a cui potrebbe esporre l'incontro con l'ignoto.

Questo è il momento più delicato: quando si è avviato un percorso interiore, è necessario darsi tempo; la capacità di poter integrare le nuove consapevolezze che salgono alla coscienza deve procedere per gradi per non perdere in un solo attimo tutto quello che si è conquistato, a cominciare dalla volontà di fare chiarezza sulla propria Verità.

Ciò non toglie che, se da una parte è giusto che l'Io non sottovaluti il potere delle forze che giacciono nell'inconscio, dall'altra parte, dovrà allo stesso tempo evitare la troppa rigidità, barricandosi dietro un eccesso di difesa, ed organizzando strategie razionali per impedire l'incontro.

Ricorrendo all' *Immaginazione attiva*, può trovare invece la via per facilitare l'incontro attraverso la *Funzione Trascendente*, che mette l'uno di fronte all'altro gli opposti psichici perché trovino quella terza dimensione

(*Tertium quod non datur*) capace di promuovere l'integrazione.

Scrive Jung: "Per quanto l'uomo possa considerare la sua ragione bella e completa, può essere altrettanto certo che essa tuttavia costituisce solo una delle possibili funzioni spirituali e riguarda soltanto quella parte dei fenomeni del mondo ad essa relativa. Tutt'intorno c'è però l'irrazionale, ciò che non è congruente colla ragione. E questo irrazionale è in ugual misura una funzione psicologica.[...] Così, l'atteggiamento razionale della civiltà sfocia necessariamente nel suo contrario, cioè nella devastazione irrazionale della civiltà stessa. L'irrazionale non deve e non può essere estirpato. Gli dei non possono e non devono morire. Guai agli uomini che vogliono disinfettare razionalmente il cielo". [22]

Non è un passaggio facile questo per l'Io, perché prevede anche una spoliazione e cioè la perdita di tutte quelle barriere mentali ed argomentazioni logiche che la ragione mette a difesa dell'immagine che l'Io ha di sé e che devono essere abbandonate o ridimensionate per permettere l'integrazione.

Solo così, nell'attimo in cui il drago-inconscio muore o si arrende alla coscienza, è l'Io stesso che fa morire una parte dell'identità precedente perché possa avvenire la nascita di uno stadio superiore dell'essere.

Quinto emblema: La morte dell'Io, Marte in Scorpione.

Il quinto emblema ci presenta una scena violenta, dove due animali, un cane e un lupo, si stanno aggredendo per uccidersi e vincere l'uno sull'altro.

Nicolas Flamen, alchimista francese del XV secolo ci ha lasciato la descrizione della lotta tra la cagna armena ed il cane corasceno, simbolo alchemico, ripresi poi da Jung come immagini dell'incontro tra l'Io e il Sé.

Si tratta del simbolo della lotta tra gli opposti, rappresentata come un'esperienza di violenza e smembramento, di sangue e morte.

---

[22] C. G. Jung, La psicologia dell'inconscio, Newton Saggi, Roma 1997, pagg. 64-65

Ma che il percorso stia avvenendo così come è giusto che avvenga è espresso dall'immagine del ponte che compare sullo sfondo della stampa, che sancisce l'avvenuta unione tra i due mondi, non più divisi ma in contatto tra loro, sebbene non ancora integrati.

Infatti, a morire è la forma originaria per permettere la nascita di una forma nuova, capace di avviare la manifestazione del Sé. E' proprio nello spazio lasciato vuoto dalla precedente forma che si può creare all'interno della psiche il presupposto di una nuova e più solida struttura.

Marte in Scorpione trova, a mio avviso, in questo emblema tutta la forza e la potenza dell'archetipo che rappresenta: è il Fuoco vulcanico che cerca l'appoggio dell'acqua profonda di Plutone, pianeta messo in relazione con gli abissi dell'anima, nonché quello della Terra e dell'Aria di Mercurio che, in qualità di *Psicopompo*, agisce da ponte per permettere alla coscienza d'incontrarsi con l'inconscio.

Nello stesso tempo Mercurio difende la mente dalle irruzioni caotiche ed irrazionali che salgono da sotto e le dà quell'appoggio lucido e discriminatorio dell'energia di Terra, quando è necessario che Fuoco ed

Acqua entrino in contatto.

Il Fuoco dello Scorpione è lava che brucia e purifica tutto ciò che tocca, così come il fuoco per gli alchimisti era la forza spirituale che accompagnava l'intero *Opus*.

Ciò significa che è proprio nella sede Scorpione la prova più difficile, ma anche quella che – se superata – può garantire l'incontro col Divino.

Quarto emblema: Gli opposti collaborano, Marte in Leone.

Il quarto emblema ci presenta un leone ed una leonessa affiancati e quasi dialoganti tra loro.

Se nel precedente emblema la lotta tra gli opposti era manifesta, era cruenta e chiaro simbolo di sopraffazionne dell'uno sull'altro, in questo troviamo due animali altrettanto feroci, un leone ed una leonessa, che però non si combattono, ma procedono l'uno vicino all'altro.

Dopo che l'Ego ha affrontato il mondo dell'inconscio, non se n'è ritratto ma ha continuato nel suo percorso per trasformarsi in Io, perché è solo l'Io che può incontrarsi col Sé, gli opposti non terrorizzano più, ma possono essere visualizzati e ed integrati.

E' questo lo stadio che in astrologia vede il passaggio dallo stato solo impulsivo e spesso velleitario del Marte in Ariete verso quello più riflessivo e consapevole del Marte in Leone, disposto ad affrontare le sfide con quella naturalezza e coscienza dei propri potenziali che distingue il Marte in Leone quando si compie.

Se infatti Marte in Ariete è soprattutto istintivo perché deve dare il via all'intero processo vitale, il Marte in Leone aggiunge al coraggio qualità di determinazione e di metodo, è il principio di *Logos* del Sole, dove lo scontro con l'avversario non è più solo dettato da una reazione all'altro, nè tanto meno dai bisogni di primato dell'Ego, ma dalla capacità di scegliere razionalmente ed individuare le mosse giuste che permetteranno la vittoria, compresa l'accettazione di possibili sconfitte sulla via o la revisione di interpretazioni e convincimenti fuorvianti ed esclusivamente personali.

Bellissima ed indicativa a questo proposito la Tav. XXV della Clavis Artis e quanto recita:

Clavis Artis, Tav. XXV

L'animale feroce ora si arrende
Ed è il Leone che docile si pasce
Col frutto della vite
E nuovo rende l'animo, che pur ora rinasce.

Sopra di lui congiunti, Sole e Luna
Dividono il corteggio planetario;
Un fiore tende a Marte la corolla,
Sotto un albero antico e solitario.

Nella simbologia alchemica, il leone è anche ricordato per un emblema riportato dal *Rosarium Philosoforum*, (XVI secolo), conservato nella Biblioteca di Badiana, a St. Gallen (Svizzera) e conosciuto come "il Leone Verde".

Il Leone Verde.

L'immagine ci presenta un leone nell'atto di divorare il sole.

Ci troviamo all'inizio dell'Opus: l'alchimista è già consapevole che per rendere sacro il viaggio che sta per iniziare deve imparare a dominare le forze interiori lunari, collegate all'ombra dell'inconscio e portare dentro di sé la Grazia del Sole, collegato alla Luce, al miracolo della Creazione.

Il leone verde divora il Sole

Il Leone Verde è lo stesso alchimista che, "divorando il Sole", diviene lui stesso Sole e quindi capace ormai di autodeterminarsi e onorare la sua incarnazione. E' proprio grazie a questo passaggio che, da "Verde", il Leone si fa "Rosso", onorando la fase finale della Rubedo.

Atalanta Fugiens, Emblema XXXVII, Leone Rosso

Il Segno del Leone, quando si compie e rinuncia alle brame dell'Ego o agli scopi collegati solo all'immagine e al primato, racchiude in sé tutte queste qualità, prima fra tutte la spontaneità. Il Segno, l'unico in tutto lo Zodiaco ad essere domicilio del Sole, simboleggia il senso di sé, la coscienza della propria forza, perché è stato abbandonato il bisogno di lottare per affermare la propria superiorità, con l'unico scopo di vincere o primeggiare sull'altro.

Queste conquiste sono mirabilmente rappresentate dall'emblema n. XVI dell'Atalanta Fugiens, dove vengono raffigurati un leone ed una leonessa alata, simboli della necessità di mantenere la giusta proporzione tra le "cose della terra e quelle del cielo", affinché materia e Spirito possano esprimersi entrambi.

Elevarsi spiritualmente infatti, non deve far perdere il contatto con la propria umanità, con il fine della stessa incarnazione.

Atalanta Fugiens, Emblema XVI

"Unisci al leone una leonessa alata,
affinché essi possano vivere all'aria. Ma egli si mantiene immobile e rimane sulla terra.
Questa immagine dimostra il cammino che segue la natura"

Decimo emblema: rinascita dell'Io, Marte in Sagittario.

Il decimo emblema ci presenta una salamandra spinta nel fuoco da una figura maschile, verosimilmente il dio Vulcano, così come maschile è il Segno del Sagittario, retto da Giove e Nettuno, collegato altresì a Chirone, il guaritore ferito.

La salamandra è il simbolo delle ceneri vive del Marte in Sagittario, l'ultimo che chiude il viaggio dei tre segni di Fuoco.

La cenere è ciò che rimane dopo la purificazione avvenuta in Scorpione, il lasciar andare tutti quei sentimenti ed attaccamenti nocivi che sono stati riconosciuti ed accettati nella *Nigredo*.

E' qui che l'energia libidica , dopo essersi raffinata, si è spiritualizzata, è qui che può toccare l'Eterno.

L'alchemica salamandra infatti, pur bruciando, non si consuma, ma anzi dal fuoco è alimentata; in astrologia è una fase liberatoria, perchè decreta il passaggio dall'ottavo al nono settore dell'Oroscopo, dall'Acqua dello Scorpione, ormai non più torbida ma resa trasparente, così come in Scorpione è la trasparenza del Sole, al Fuoco sacro del Sagittario e quindi dalla paura al vero coraggio, dalla morte alla rinascita, dalla perdita all'acquisizione, dopo che si siano stati elaborati nella sede Scorpione non solo i desideri e gli istinti primari dell'Ego, ma soprattutto gli intenti inconsci che guidano le scelte, perché non si è avuto timore di illuminarli, riconoscerli ed apertamente confessarli.

Atalanta Fugiens, Emblema XXIX, La Salamandra

Scrive Howard Sasportas nel citato "Gli dei del cambiamento": "E' solo accettando il nostro odio che possiamo decidere di amare. E' solo dopo aver accettato la nostra rabbia che possiamo scegliere di comprendere. In caso contrario stiamo solo fingendo di essere gentili".[23]

Si tratta quindi di uno stadio che precede la *Terza Coniunctio*, dove il contatto col fuoco vivifica e non distrugge, così come il Fuoco del Sagittario orienta e spinge la freccia del Centauro verso conquiste spirituali, possibili solo dopo essersi incontrati con la materia e la caducità della fase Scorpione.

Nono emblema: la padronanza del Sé, Marte in Capricorno.

L'ultimo emblema che ho voluto scegliere per illustratore il viaggio di Marte attraverso i Segni di Fuoco, ci presenta un re, seduto sul trono, all'interno di un tempietto, con un globo nella mano destra ed uno scettro in quella sinistra, una figura che può evocare il Marte che si compie: il Marte in

---

[23]H. Sasportas, Gli Dei del Cambiamento, Astrolabio Ubaldini, Roma 2000, pag. 224

Capricorno, Signore del decimo settore dell'Oroscopo, messo in relazione dall'astrologia con la realizzazione e l'emancipazione.

La figura è in posa ieratica e poggia i suoi piedi sul drago, ormai domato e non più temibile, mentre sul trono è presente anche un pesce, perché dal simbolo dei due pesci era iniziato il viaggio alchemico, che si è ora compiuto con la *Coniunctio Oppositorum*.

Sullo sfondo, non c'è più traccia del bosco, ma di case ben organizzate, collegate da un ponte, simbolo riconfermato della ricongiunzione avvenuta tra conscio e inconscio, che ormai possono essere gestiti ed amministrati dall'Io perché si è incontrato col Sé.

Per salire al trono, sette i gradini che ricordano i sette stadi dell'Opera alchemica, i sette metalli e i sette pianeti fino a Saturno, tempo lineare che ci invita ad usare al meglio l'esperienza di vita, anche se la ruota che si vede sul trono può rimandare al tempo ciclico delle religioni orientali.

L'autorevolezza, il buon governo, la saggezza e la padronanza delle proprie emozioni che è facile attribuire a questa figura regale e spirituale, non possono che parlarci del Marte in Capricorno che chiude il viaggio evolutivo di questo pianeta, nella Casa di Saturno, il finitore di ogni cosa.

Il re è la stessa Pietra Filosofale che, dopo aver attraversato le tappe della purificazione e sublimazione, è simbolo dell'avvenuta trasformazione, del nuovo stato dell'essere: è il Tempio di Dio.

Allo stesso modo, il Marte che si compie in Capricorno ha visto nobilitarsi via via tutti i passaggi astrologici che lo vedono nascere nel Segno dell'Ariete, col suo bisogno imperioso d'individuazione; passare attraverso la fine di tutto quanto non può essere utilizzato e trasformato nel Segno dello Scorpione per approdare, grazie alla freccia del Sagittario alla sua esaltazione nel Segno di Saturno ed Urano, dove l'intero processo è compiuto.

Chi abbia la fortuna di riflettere sulla sacralità del simbolo marziano, purificandolo della parte più materiale che spinge soltanto alla lotta e alla sopraffazione, può allo stesso modo discernere, attraverso la visione interna suggerita dallo Spirito, quando valga la pena combattere e quando no; quando sia giusto lottare e quando ritrarsi dalla battaglia.

Questo perché ha imparato ad essere diretto nelle azioni che non scaturiranno più da una re-azione all'altro o da sterili strategie di difesa, né a produrre un effetto per ampliare il senso di sé, ma da un intimo convincimento di operare nel rispetto di ciò che gli suggeriscono non soltanto la testa e l'impulso, ma soprattutto lo Spirito ed il cuore. In particolar modo ha imparato che i "nemici esterni" contro cui pensa di dover combattere non sono altro che il riflesso della sua volontà di "combattere se stesso", le sue fragilità, le sue manchevolezze, le sue incompiutezze.

Scrive Aldo Carotenuto nel suo "Integrazione della personalità": "L'antagonista rappresenta ciò che neghiamo di essere e tuttavia in parte siamo. Ciò spiega il rapporto forte e conflittuale che viene ad instaurarsi con tale figura: in lui possiamo proiettare ciò che non riusciamo ad accettare come parte di noi, in quanto in stridente contraddizione con l'immagine esibita ed accettata di noi stessi". [24]

Il viaggio marziano e l'intero viaggio astrologico invitano a riconoscere che solo la conoscenza completa della propria interezza può permettere

---

[24] A. Carotenuto, Integrazione della personalità, Bompiani, Milano 2007, pag. 134

all'individuo la nascita dell'*homo novus* che è vivo dentro di lui, un individuo redento, sanato e purificato e che può finalmente contattare il suo fuoco creativo, la scintilla divina che vibra dentro di lui e che aspetta soltanto di essere accesa.

Rubedo

Bibliografia di Marte Alchemico

E. F. Edinger, Anatomia della psiche, Vivarium, Milano 2008

J. Raff, Jung e l'immaginario alchemico, Edizioni Mediterranee, Roma 2008

Lambsprinck, La pietra filosofale, Edizioni Mediterranee, 1984

M. L. von Franz, Alchimia, Bollati Boringhieri, Torino 2015.

G. Jung, La psicologia dell'inconscio, Newton Saggi, Roma 1997

C. G. Jung, Studi sull'Alchimia, Opere, vol 13, Bollati Boringhieri, Torino

H. Sasportas, Gli Dei del Cambiamento, Astrolabio Ubaldini, Roma 2000

A. Carotenuto, Integrazione della personalità, Tascabili Bompiani, Milano 2007

Giove Alchemico

*"L'intima natura di ogni cosa
può essere conosciuta mediante i poteri
della vista interiore, o seconda vista.
Sono questi i poteri da cui possono essere scoperti
tutti i segreti della natura".*
Paracelso

Atalanta Fugiens, Emblema XXXXVI
Zeus

Giove è da sempre il simbolo astrologico dell'ottimismo e del bisogno innato che c'è nell'uomo di migliorare se stesso, di non accontentarsi, di crescere.

Pianeta di Fuoco e Signore del Sagittario e dei Pesci, messo in analogia con i viaggi ed il lontano, col cibo e la vista, nonché spartiacque tra i pianeti personali e quelli interpersonali, Giove è l'archetipo della fiducia, della certezza interna che c'è nell'uomo di poter trovare le ragioni superiori della sua esistenza sulla terra, l'importanza del suo progetto individuale, nonché la speranza di poterlo realizzare al di là di ogni ostacolo e difficoltà. Per questo è anche il simbolo della capacità di affidarsi a qualcosa di superiore che possa ampliare i confini del proprio mondo più ristretto per spaziare verso nuovi orizzonti, che possano favorire questo bisogno innato di crescita ed espansione.

E' per questo che Giove è anche collegato alla religiosità della vita, dove il termine "religiosità" non rimanda necessariamente ad una fede o a un credo da seguire o a dogmi da rispettare, quanto ad una filosofia di vita che permetta, anche nei momenti più bui, di guardare lontano senza perdere il contatto con se stessi, con la propria umanità; solo così si avrà la possibilità di "re-ligere" e cioè riunire gli opposti interni, le ambivalenze ed i dubbi che coabitano nell'animo umano, che riusciranno così a trovare una sintesi perfetta, proprio grazie alla fiducia e allo spirito positivo che il pianeta infonde.

Giove in mitologia

Nel mito, Giove, Zeus presso i Greci, si affianca all'altro grande modello archetipico della creazione, Saturno Crono, il dio del Tempo.

Esiodo nella sua *Teogonia* ci riporta come Urano, il Padre Cielo, si univa continuamente con Gea, la Madre Terra, generando figli che a lui sembravano sempre non solo imperfetti, ma addirittura mostruosi: i Titani, i Ciclopi e gli Ecatonchiri, giganti orribili con cento mani.

Quando un oracolo gli profetizzò che uno dei figli lo avrebbe detronizzato e si sarebbe insediato al posto suo togliendogli il potere, Urano decise di esiliare i Titani e i Ciclopi nel *Tartaro,* un luogo di pena e di espiazione e per impedire ai nuovi figli di nascere li costringeva a restare sepolti nelle viscere della Madre Terra. A quel punto Gea, non sopportando più il peso di questa situazione, si rivolse al figlio Crono, uno dei Titani che, ribellandosi al padre, lo castrò ed iniziò a regnare al posto suo.

Giorgio Vasari, La mutilazione di Urano da parte di Crono, 1560

Divenuto a sua volta padre, Crono, anche lui avvisato da un oracolo della perdita del potere ad opera di un figlio, peggiorò il comportamento del padre perché non si limitò a tenere i figli avuti dalla sorella Rea dentro le viscere materne, ma addirittura li divorò, tenendoli ingoiati nella sua stessa pancia.

In ordine Crono divorò Estia, Demetra, Hera, Ade e Poseidone.

Inorridita da questo modo di fare, Rea decise di nascondergli l'ultimo nato Zeus, sostituendolo con una pietra che diede da ingoiare a Crono; allontanò quindi in fasce il neonato, perché fosse allevato altrove e non subisse la stessa sorte iniqua capitata ai suoi fratelli.

Una volta adulto, Zeus tornò per liberare i fratelli ingoiati: squarciò infatti la pancia del padre e tirò fuori uno ad uno gli altri dei, da cui fu proclamato unico Signore e massima divinità dell'Olimpo tutto. E' importante sottolineare come Giove non castrò il padre così come aveva fatto Crono nei confronti di Urano ma, dopo averlo neutralizzato e reso inoffensivo, lo esiliò nel Tartaro. Fu quindi proprio l'alta visione di Giove che interruppe la catena generazionale che si ripeteva automaticamente, fu la sapienza del figlio a perdonare il padre, risolvendo così l'intera tematica archetipica.

Nel mito stesso quindi, Giove è messo in analogia non solo alla capacità di andare oltre le restrizioni della condizione umana che la vita impone e che possono inibire l'espressione del Sè, ma soprattutto alla liberazione di cui l'uomo può fare esperienza proprio nel momento in cui individua il suo ideale, ciò in cui credere e per cui lottare al di là di quelle che sono le imposizioni del collettivo; solo a quel punto potrà credere in se stesso, nei suoi potenziali e nel suo spirito positivo e liberarsi di tutto ciò che non è in linea col destino che la sua anima ha scelto e porta con sé.

Non a caso, nella guerra contro i Titani e il padre Crono, Zeus fu aiutato da un'aquila, simbolo indiscusso di libertà, di volo tra gli spazi aperti, nonchè ponte tra il mondo materiale e quello spirituale, tra la Terra e il Cielo, così come l'archetipo Giove simboleggia.

L'aquila che è spesso rappresentata a fianco del dio, è l'unico animale che può fissare senza timore il sole; con la sua vista lunga ed acuta, guarda dall'alto e punta la preda, come a significare che è la visione dall'alto che Giove assicura a dare senso e significato alla propria vita.

E' per questo che in astrologia il pianeta è anche collegato al desiderio, tanto quanto Venere; sappiamo come Zeus avesse un rapporto particolare col mondo femminile. Sposo di Hera, sua moglie ufficiale, non si asteneva dal desiderare le donne più belle, che seduceva e possedeva sotto le forme più svariate, metafora della necessità dell'incontro tra maschile e femminile, tra Animus e Anima, tra Logos ed Eros.

Il viaggio dell'eroe.

"Vocatus atque non vocatus deus aderit"
C. G. Jung

"Invocato o non invocato, il Dio verrà", fece scrivere Jung sul frontone della sua casa. Una volta interrogato sul significato di questa citazione, Jung spiegherà in un'intervista: "Non è una dichiarazione di fede cristiana. Risale all'oracolo di Delfi e la parola dio va intesa come "domanda ultima". Misi quell'iscrizione per ricordare ai miei pazienti e a me stesso che il timore di Dio è l'inizio della sapienza; tutti i fenomeni religiosi, che non siano meri rituali della Chiesa, sono strettamente intrecciati con le emozioni".

Ed il "timor di Dio" è certamente un sentimento che caratterizza le esperienze/limite, quelle in cui si sente di non poter contare solo su se stessi, in cui si chiede, essenzialmente a se stessi, di potersi affidare a un qualcosa che sia posto al di fuori della propria sfera di controllo.

Infatti, nell'illustrare "Il Viaggio dell'eroe", simbolicamente messo in analogia col viaggio che deve compiere l'uomo alla ricerca di se stesso, la psicologia junghiana si sofferma su un punto cruciale, ma anche fondamentale per il compimento dell'intero viaggio: è quando, nel bel mezzo di un momento disperato in cui tutto appare buio e non sembra esserci più speranza; nel momento in cui l'eroe sente come di lottare contro forze tremende e sta quasi per soccombere, è proprio in quell'attimo che si ricorda di avere in tasca un amuleto, una noce, una monetina, un qualcosa datogli da una figura amica incontrata per caso durante il viaggio, che gli consente, nonostante gli attimi terribili che sta attraversando, di continuare a credere di potercela fare.

S. Giorgio e il drago
Raffaello Sanzio, 1505

E' questo in sostanza ciò che simboleggia Giove, ritenuto giustamente dalla tradizione astrologica "il pianeta della fortuna", a livello di benessere economico e agiatezza di vita.

L'astrologia umanistica però, oltre a riconoscere quest'aspetto determinante collegato al pianeta, vede in lui soprattutto l'archetipo della capacità di coltivare un pensiero positivo e costruttivo come filosofia primaria di vita; Giove è l'ottica con cui si guarda una situazione, per cui – anche se non si ha il potere di cambiarla perché ritenuta difficile – si può almeno cambiare la visione con cui la si guarda e ricavarne un moto di speranza.

Per far questo, Giove spinge ad andare oltre a ciò che si ritiene "realtà", che spesso è soprattutto un'identificazione con i propri pensieri; attraverso i suoi "fulmini", gli *insights* della psicologia cognitiva che spalancano alla funzione intuitiva della mente, consente l'allargamento in consapevolezza della coscienza stessa. Giove è quindi il simbolo della fiducia nelle proprie intuizioni e non solo nelle proprie idee, è la capacità di cogliere quelle opportunità che la vita presenta perché sostenuti da una forza interiore che non rinuncia alla speranza, al credere in se stessi e nell'ordine superiore delle cose; la fortuna di Giove permette di andare oltre i limiti di ciò che è noto e sicuro perché la coscienza possa aprirsi a inedite consapevolezze, anche se lontane dalla propria mentalità e da ciò che è stato giudicato dalla mente come unica verità.

Ecco perché il pianeta è anche collegato alla capacità di pre-vedere, di andare oltre le conclusioni a cui porta la mente e darsi un'altra possibilità, Giove è davvero il ponte per agganciare il futuro.

Ma l'archetipo di Giove e tutto l'ottimismo che il pianeta infonde, l'entusiasmo ed il bisogno di credere nella vita, la capacità di attingere a questa visione interna che vada al di là della semplice visione esterna perché si serve di un qualcosa che non appartiene al solo mondo dei sensi o alla razionalità, chiede anche che non si superino certi confini, quelli che possano mantenere la persona entro gli spazi di una realistica speranza, senza che ci sia il rischio di trasformare l'entusiasmo in esagerazione, il senso positivo in sopravvalutazione delle proprie possibilità, la lungimiranza in presunzione di avere la verità, il desiderio in avidità.

Si dice infatti in astrologia che Giove, soprattutto durante i suoi transiti, "dilata ciò che trova", volendo con questo significare che per godere appieno dei suoi insegnamenti, bisognerà attuare anche un bilanciamento tra l'innata spinta alla crescita ed il senso di realtà, senza farsi deviare da idealizzazioni estreme o aspettative infantili tanto illusorie quanto impossibili.

L'archetipo dello Spirito.

> *"'Lo Spirito è pieno di immagini sfolgoranti, di fuoco e di vento.*
> *Lo Spirito è rapido e rende vivo quello che tocca".*
> *J. Hillman*

Proprio per la caratteristica di "ponte" verso dimensioni superiori, Giove potrebbe essere associato all'archetipo junghiano dello Spirito, un bisogno energetico della psiche che si attiva quando si presenta una situazione in cui la conoscenza personale, la razionalità o la semplice volontà non si rivelano sufficienti a risolvere l'esperienza che si prospetta e che potrà essere superata solo grazie ad un ampliamento della coscienza.

Di solito, si tratta di situazioni limite, spesso giudicate impossibili da risolvere perché prospettano la perdita obbligata di un qualcosa che è sentito come indispensabile e pongono l'individuo di fronte ad un bivio, ad un momento di dubbio o di paura, in cui appare difficile fare una scelta, senza entrare in una dinamica psicologica paradossale.

Ricordiamo infatti che gli Archetipi, così come li ha definiti Jung, contenendo in sé i contrari, sono polivalenti e paradossali perché prospettano "una pienezza di tali riferimenti che rende impossibile ogni univoca formulazione" e proprio perché la psiche va automaticamente verso la completezza, diventa anche necessario il lavoro d'integrazione della mente conscia per trovare quel punto di mezzo che consenta di dare comunque significato e profondo valore all'esperienza difficile che si sta vivendo. A quel punto l'archetipo, proprio perché atemporale ed aspaziale, è l'unico che possa fornire la risposta arcaica ed istintiva di come potrà essere risolta una situazione o uno stato d'animo che appaiono incomprensibili, ma soprattutto non gestibili facendo ricorso soltanto a parametri razionali, né tanto meno alla semplice volontà.

Scrive l'allieva e collaboratrice di Jung Marie-Louise von Franz (1915-1998) nel suo "Le fiabe interpretate": "Nel linguaggio religioso si potrebbe dire che la situazione senza via d'uscita è destinata a costringere l'uomo a rimettersi all'intervento di Dio. Nel linguaggio psicologico, la situazione senza via d'uscita è destinata a spingere l'uomo ad aprirsi nell'intimo all'eventualità del "tertium quod non datur" e cioè all'avvento del terzo termine, quello sconosciuto; in altre parole, all'esperienza del Sé".[25]

Differenze tra Spirito e Anima. Interazione.

Potrebbe essere interessante riflettere sulle differenze che esistono tra l'archetipo dello Spirito e l'altro grande archetipo junghiano dell' Anima, l'immagine della donna nell'uomo, così come l'Animus è l'immagine dell'uomo nella donna; precisa Jung: "L'Anima è la figura che compensa l'energia maschile. L'Animus quella che compensa l'energia femminile". Spirito ed Anima sono entrambi collegati all'emisfero destro del cervello, quello preposto ad elaborare la percezione delle emozioni e ciò a cui rimandano i sensi. Infatti, se l'emisfero sinistro elabora le connessioni logiche e verbali, attraverso la ragione e l'uso della parola, quello destro è inconscio, analogico e simbolico; è collegato al mito, alla poesia, alle attitudini artistiche e musicali, all'intuizione.

---

[25] M.-L. von Franz, Le fiabe interpretate, Bollati Boringhieri, Torino 2012, pag. 87

L'Anima è quindi la parte ricettiva della psiche che ha connotazioni prettamente femminili: è attenta al flusso emotivo, alle atmosfere, i ricordi, i sogni e l'immaginazione, ma anche in stretto contatto col mondo notturno e quanto esso rimanda, non esclusa l'irrazionalità.

Scrive a questo proposito Marie-Louise von Franz nel citato "Le fiabe interpretate": "L'intenzione dell'Anima è di convertire la coscienza razionale ad accettare la vita simbolica, ad immergersi in essa senza alcuno scopo, senza critiche od obiezioni razionali. [...] Ciò richiede coraggio e spontaneità, implica il sacrificio dell'atteggiamento intellettuale e razionale, difficile per le donne, ma ancor più difficile per un uomo perché va contro la tendenza cosciente, specialmente dell'uomo moderno occidentale. L'Anima diventa umana quando avviene un incontro tra gli opposti, l'uomo va verso lei e lei sale verso lui".[26]

A differenza dell' Anima, invece, lo Spirito è un archetipo dinamico con connotazioni essenzialmente maschili che aspira all'Unità. E' un principio attivo che scuote e vivifica la mente, facendola entrare in contatto col potenziale intuitivo che scavalca non solo le statiche suggestioni dell'Anima, ma anche le strategie razionali che l'Io pone a difesa di se stesso, offrendo la risposta più appropriata all'esperienza inedita che si sta vivendo.

Infatti, di solito ciò che attiva lo Spirito è il rivelarsi di situazioni improvvise ed estreme che portano la mente "fuori dal seminato"; portano l'individuo in un territorio inesplorato di emozioni e sensazioni sconosciute che non possono essere affrontate né con le soluzioni della mente conscia, né col quelle proposte dall'Anima, senza il rischio di trascinare l'individuo in una fase di stallo da cui non sarà in grado di uscire.

Come già espresso, si può ricordare che gli Archetipi dell'inconscio collettivo hanno in sé tutto il bene e tutto il male possibile dell'esperienza umana nei secoli e solo l'incontro della coscienza con l'inconscio personale può dare all'individuo la possibilità di disciplinare le irruzioni spontanee

---

[26] ibid. pag. 89

dell'inconscio collettivo, riconoscendo quando servirsi della parte luce e quando visualizzare la parte ombra, perché possa essere illuminata e, solo dopo questo atto d'accettazione ed integrazione, trascesa.

In "Re-visione della psicologia" James Hillman, parlando dell'incontro tra Spirito ed Anima, scrive: "È possibile avere esperienza dell'interazione tra l'anima e lo spirito. Nei momenti di concentrazione intellettuale o di meditazione trascendentale, è l'anima che invade con impulsi naturali, ricordi, fantasie e paure. In momenti di nuove intuizioni o esperienze psicologiche, lo spirito vorrebbe immediatamente estrarre da esse un significato, metterle all'opera, concettualizzarle in regole. L'anima resta aderente al regno dell'esperienza e alle riflessioni entro l'esperienza. Si muove indirettamente, con ragionamenti circolari, dove le ritirate sono altrettanto importanti delle avanzate; preferisce i labirinti e gli angoli, dà alla vita un senso metaforico servendosi di parole come chiuso, vicino, lento e profondo. L'anima ci coinvolge nella massa confusa dei fenomeni e nel flusso delle impressioni; è la parte «paziente» di noi. L'anima è vulnerabile e soffre; è passiva e ricorda. Essa è acqua per il fuoco dello spirito".[27]

Ma se nel suo lato luce l'Anima, come principio femminile, fa accedere a sfumature più sottili e sensibili dell'esperienza, se riesce ad arricchire la coscienza di quella "competenza dei sentimenti" che non può trovarsi in una mente solo razionale, nel suo lato ombra può essere un principio destabilizzante che irrompe nella coscienza sommergendola come un'onda gigantesca e facendole perdere in un attimo l'aderenza alla realtà e quindi impedendole quella lucidità di pensiero e presenza a se stessi che la stessa condizione terrena impone.

"Disciplinare l'Anima" significa permetterle di dare linfa e nutrimento alla creatività, senza scivolare nelle seduzioni ed illusioni dell'Io, anche perché la repressione dell'Anima da parte dell'uomo significa la repressione della sua sorgente creativa, della possibilità di un dialogo fecondo tra l'Io e il Sé.

---

[27] J. Hillman, Re-visione della psicologia, Adelphi, Milano 1983, e-book

Solo l'Anima disciplinata può far contattare lo Spirito, che ne viene vivificato e rafforzato.

E' per questo che, tanto quanto un'Anima ancora prigioniera dell'Io può far indulgere la mente in fantasie e ricordi quasi ripiegandosi su se stessa per paura dell'ignoto; tanto quanto preferirebbe ritirarsi nei suoi territori antichi, che sembrano rassicurare e proteggere la mente dall'imprevisto e dall'imponderabile, altrettanto lo Spirito irrompe come un fulmine a ciel sereno che squarcia la coscienza e trascina la mente in un mondo tanto sconosciuto quanto affascinante; la chiama imperiosamente e le impedisce di sostare, la spinge a squarciare il velo protettivo dei ricordi e la proietta verso l'inesplorato, impedendole di elaborare l'esperienza sempre con le stesse modalità che non fornirebbero quella risposta lucida, logica ed immediata, che resta anche la migliore per risolvere l'esperienza stessa.

E' questo davvero il grande significato che l'astrologia umanistica attribuisce a Giove. E' solo grazie alle intuizioni che regala Giove, ad una mente aperta che non vuole sottoporsi alle trappole dell'Io, si possono visualizzare inedite soluzioni, proprio perché si tiene vivo il dialogo con l'inconscio e con quanto si affaccia alla coscienza. Giove fa così intra-vedere una via, una risposta tanto arcaica quanto innovativa, rispetto alle soluzioni preconfezionate e standardizzate che offre la mente.

Infatti Giove/Spirito, con la sua linearità e verticalità, si innalza sopra i labirinti circolari dell'Anima e guida la mente nel futuro; dopo che l'Anima ha strutturato le sue basi emotive e i suoi attaccamenti, li ha riconosciuti, apprezzati ed amati come si ama la culla, lo Spirito prospetta un mondo nuovo, un balzo in avanti, un ampliamento in consapevolezza e verità.

E' quindi anche un archetipo che spinge a rintracciare e conoscere il senso superiore della vita e d'unione col Creato, perché libera l'individuo dai pregiudizi e convinzioni soggettive, lo libera dalle paure personali e quelle che derivano dai condizionamenti del collettivo, facendolo aprire ad una visione globale e più allargata dell'esistenza; gradualmente lo introduce a riflettere sull'arbitrarietà delle proprie conclusioni mentali e sulla necessità di lasciare andare le rigidità di pensiero che inevitabilmente chiudono al nuovo, quando è solo nel nuovo che si può trovare la risposta risolutiva all'inatteso che si prospetta, all'imperscrutabile.

Lo Spirito chiama l'uomo "dal futuro", anticipando per lui quella risposta ricca di senso che non potrà essere trovata né negli intellettualismi della mente razionale, né nel ripiegamento su se stessi, su un nostalgico e sterile passato.

Solo dall'integrazione tra Spirito ed Anima, può nascere una nuova prospettiva di vita, quella che assicura all'individuo, sia uomo che donna, di mantenere il contatto con le sue radici emotive e creative, ma contemporaneamente gli permette di dispiegare le sue ali verso la Verità.

Lo Spirito personificato.

Una personificazione esatta di questo bellissimo archetipo junghiano è certamente il "Vecchio Saggio", o "Il Mago", che ritroviamo nei miti, nelle leggende e nelle fiabe di tutti i tempi come figura di sostegno, che compare quasi sempre all'improvviso e si materializza dal nulla per fornire all'eroe, schiacciato da una condizione drammatica e spaventosa, la soluzione che gli permetterà di superare ciò che lo sta mettendo alla prova e che ferma in qualche modo il suo viaggio.

Lo Spirito è il dio Mercurio che si materializza ad Ulisse per esempio, quando gli dona "l'erba moli" perché si difenda dagli incantesimi dell'Anima Circe; lo Spirito è anche lo sconosciuto che incontrerà il protagonista della bellissima fiaba di H. C. Andersen "Il compagno di viaggio" e che lo aiuterà ad indovinare gli enigmi della spietata principessa.

La figura del "Vecchio Saggio" è quindi una costante delle fiabe, che contengono riferimenti puntuali agli archetipi, ai modelli fondamentali della psiche umana.

E' così che il Vecchio Saggio compare all'improvviso all'eroe per dargli dei suggerimenti: gli indica per esempio un'altra via da seguire (non passare di là) o gli dona un qualcosa che gli permetterà il superamento della prova stessa, rimettendo l'eroe in contatto con la sua forza originaria e con la certezza di potercela fare, facendo affidamento sulla buona volontà.

Solo seguendo questo personaggio e quanto gli suggerirà, o gli donerà, o farà balenare in lui grazie a una qualsiasi forma d'aiuto, l'eroe sarà costretto a riconoscere che, nonostante la sua forza e il suo coraggio, nonostante lui goda di conoscenza, sapienza e scaltrezza, nonostante lui sia munito di tutte le armi possibili per potersi difendere e nonostante le strategie razionali che escogiterà la sua mente, non potrà contare solo sulle sue forze, non potrà risolvere da solo la prova.

E' proprio l'attimo di sgomento ed il riconoscimento consapevole della propria fragilità che smuoverà ed attiverà quasi immediatamente nella mente la visualizzazione di quest'archetipo, che traghetterà l'eroe oltre il momento critico che sta vivendo.

Secondo Jung, l'eroe può definirsi tale non solo se le sue azioni andranno oltre il tornaconto personale, ma soprattutto se passerà attraverso quest'atto di riconoscimento, attraverso l'accettazione della sua fallibilità e della necessità di ricercare un aiuto all'esterno, di un qualcosa che sia posto "fuori" di lui e cioè fuori dalla sua sfera di controllo.

E' chiaro che l'aiuto "esterno" non è altri che lo specchio dell'accettazione interna della sua capacità di resa; non è altri che il riconoscimento che sia possibile un fallimento, una rimessa in discussione delle proprie certezze, che l'hanno sostenuto, forse per una vita intera e che è tempo di rivedere.

E' l'individuo/eroe stesso che, raccogliendo tutte le sue forze e pescando dal "pozzo fondo" del suo inconscio personale, in stretto contatto col grande mare dell'inconscio collettivo, ma anche riconoscendo i limiti del suo essere uomo, potrà agganciare attraverso lo Spirito liberato una nuova energia che si rende disponibile perché non più bloccata dall'ostinazione, dall'orgoglio e dalla presunzione di poter risolvere solo con la volontà, col sapere e col potere personale ciò che sta vivendo. Ma neanche bloccato dalle ombre della sua anima, dove sedimentano le sue più antiche paure.

Lo Spirito femminile, la Sophia.

"Vergini non si nasce: si diventa"
Clavis Artis, Tav. I

Lo Spirito non è solo rintracciabile nell'archetipo del "Vecchio Saggio", del "Mago" o di altri personaggi spiccatamente maschili.

Lo si può infatti facilmente individuare anche nella sua forma femminile, quella dell'archetipo della "Magna Mater", la "Grande Madre", la "Madre Terra".

Clavis Artis, Tav. I

Quando avrai superato ogni cimento,
Incederai nel Regno della Luce,
Con un vessillo di Vittoria al vento,
Ed il Sole sarà tuo Sposo e Duce.
In alto Anima, la tua nuova Via!
Vergini non si nasce: si diventa.

Quando sarai la Vergine Sophia
Ogni Materia in te sarà redenta.

Anche quest'archetipo, così come quello dello Spirito ha due facce da illuminare; infatti, se nella sua forma luce, è riassuntivo della Totalità del femminile e della sua capacità di esprimere una completa integrità; se è l'espressione più bella del senso materno e della capacità di nutrire, proteggere ed amare le proprie creature attraverso la compassione e l'accettazione incondizionata del loro essere, il suo lato ombra è oscuro e terrificante, è quello che genera maggiore angoscia ed inquietudine, quello che sottrae tranquillità, anziché aggiungere benevolenza e comprensione.

Infatti, tanto quanto lo Spirito può diventare visionario e velleitario nell'attimo in cui l'individuo si fa prendere da conclusioni arbitrarie e soggettive, altrettanto la "Grande Madre" si fa divorante e castrante di una individualità a cui viene impedito di esprimersi in autonomia, scegliendo cosa fare della propria via.

Una volta invece che l'archetipo sia stato illuminato nelle sue parti ombra, perché personalizzato, può mettere in luce l'aspetto più evoluto del femminile, quello della Sophia, madre dispensatrice di vita che, dopo aver generato a livello fisico, garantisce una nascita anche a livello psicologico; è lei che permette allo Spirito di potersi manifestare, perché è lei stessa "Spirito" che fa elevare ogni creatura sulla terra da una condizione solo materiale ad uno stadio mistico e trascendentale, è lei che può fornire all'individuo la risposta intuitiva e saggia, perché arcaica e innata, per scoprire la propria spiritualità.

Non a caso, in astrologia, la Luna – simbolo del materno – mentre nel suo domicilio Cancro è simbolo primario di nutrimento fisico, di immediato accudimento nei confronti di una nuova vita da proteggere e sostenere, diventa nutrimento psichico in Sagittario, Segno da sempre collegato alla fede ed alla spiritualità; diventa la "madre cosmica" che promuove crescita e consapevolezza, perché non più interessata alla sopravvivenza fisica quanto a quella psicologica e spirituale di tutte le creature.

Si tratta quindi di un archetipo specifico dell'Anima cognitiva dell'uomo e della donna; una custode delle verità nascoste e dei principi universali, collegati ai valori etici e alla ricerca spirituale, che possono emergere ed essere affinati soltanto intraprendendo il viaggio di ricerca verso il proprio Sé, senza lasciarsi deviare da alcun tipo di seduzione.

Scrive J. S. Bolen nel suo "Passaggio ad Avalon": "La Grande Dea, "La donna che è nel cuore delle donne", come la definisce la mistica Fiona MacLeod, appare nei nostri sogni come figura numinosa, a volte come una donna oscura più grande della vita, a volte come una dea, a volte come una guida. "La donna che è nel cuore delle donne" è una figura dell'interiorità. Rappresenta la saggezza femminile, la sapienza che deriva dal cuore, una via di conoscenza sottovalutata e svilita con l'avvento del patriarcato, che sostituì a questa conoscenza interiore l'obbedienza ad un'autorità esteriore. E' la Sophia che i Padri della Chiesa bandirono insieme all'eresia gnostica, ma anche Shekhinah, il dimenticato volto femminile del Dio dei giudei. La via di conoscenza gnostica rappresenta la saggezza femminile".[28]

Questo era anche il pensiero di Jacob Bohme, mistico del XVI secolo che, se pur non dedito all'alchimia, utilizzò la terminologia ed i simboli alchemici per chiarire meglio il suo pensiero.

L'*Immaginazione Divina*, così come lui definiva la Sophia, aveva un ruolo fondamentale nel suo pensiero, come simbolo guida per condurre alla redenzione e alla partecipazione col Divino. Sophia per Bohme era la stessa *Immaginazione attiva* e ciò non si distanzia dalla filosofia junghiana quando ritiene Sophia l'archetipo dell'inconscio collettivo che può essere percepita come promotrice della manifestazione del Sé.

Nell' "Atalanta Fugiens" di Michael Maier (1618), si può ammirare l'emblema XLII, in cui la Saggezza della Natura guida l'alchimista attraverso le orme sulla sabbia che lascia al suo passare. Mentre avanza appoggiato al bastone dell'autorità interiore, con la lampada della coscienza accesa, l'alchimista s'incontra col femminile sacro, ricco d'abbondanza e creatività, s'incontra con la sua saggezza interiore che ha trasceso l'ego illuminando la

---

[28] J. S. Bolen, "Passaggio ad Avalon", PIEMME, Casale Monferrato, 1948, pagg. 243-248

sua vita, così come la lanterna che l'alchimista sorregge davanti a sé illumina la via.

Così recita l'epigramma corrispondente: "La Natura ti sia guida, seguila lieto ad arte, fallirai se non ti sarà compagna di strada; la ragione ti sia bastone, fortifichi l'esperienza gli occhi tuoi, che tu possa vedere in lontananza. La lettura sia una chiara lampa nelle tenebre, perché ti guardi cauto dagli ammassi di parole e cose". [29]

Atalanta Fugiens, Emblema XLII; Fuga XLII

A chi medita cose chimiche Natura,
Ragione, Esperienza e Lettura
siano guida, bastone, occhiali e lampada

---

[29] M. Maier, Atalanta Fugiens, con trascrizione in notazione moderna delle 50 fughe, Biblioteca Ermetica, edizioni mediterranee, Roma 2002, pag. 228 / On line : http://alchemywebsite.com/prints_series_atalanta.html

Fondamentale quindi il contatto rigenerante con la Natura, così come leggiamo anche in Jung, quando parla del diverso rapporto con la natura che ha l'Induismo: "La meta dell'indiano non è lo stato di perfezione morale, ma il nirvana. Desidera liberarsi dalla natura e perseguendo questo scopo cerca nella meditazione l'assenza di immagini e il vuoto. Io, invece, desidero permanere in uno stato di viva contemplazione della natura e delle immagini psichiche, non voglio essere liberato dagli uomini, né da me stesso, né dalla natura: perché tutte queste cose mi sembrano indescrivibili, meraviglie".[30]

E nella natura, troviamo il bellissimo personaggio femminile del film "Ritorno a Cold Mountain", di Antony Minghella (2003): la vecchia eremita che il soldato Inman incontra nel suo viaggio di ritorno verso Cold Mountain, dove l'aspetta l'amata Ada, simbolo della sua Anima da ricontattare.

La vecchia saggia, che vive all'interno del bosco ed accoglie senza timori uno sconosciuto e lo soccorre, curandolo e conservandolo in vita con le sue erbe medicamentose, mentre riversa su di lui un grande senso materno che non la fa interrogare se lui sia un "amico" da accogliere o un potenziale "nemico" da cui difendersi, esprime contemporaneamente la compassione della Grande Madre e la saggezza della Sophia; infatti, lo mette in guardia sui possibili pericoli che potrebbe incontrare nel viaggio verso casa e gli infonde un coraggio nuovo, perché lo fa rientrare in contatto col suo coraggio, la sua saggezza, col suo credere in se stesso e quindi gli fornisce la soluzione giusta che lui non sarebbe riuscito a trovare con le sue forze per superare quel momento di paura.

La Sophia può anche animare il mondo dei sogni, che è il tesoro più bello del mondo dell'Anima.

---

[30] C.G. Jung, Ricordi, sogni, riflessioni, BUR Saggi, Milano 2016, pag. 336

La buona volontà e disposizione ad accedere a queste dimensioni più sottili della percezione può permettere all'individuo di entrare in contatto con un ricco mondo onirico ed immaginativo in grado di traghettarlo in un viaggio di conoscenza, dove incontrare personaggi e figure simboliche, Spiriti guida che possano fornirgli la motivazione di ciò che lo affligge nella vita ordinaria, permettendogli di contattare lo straordinario che c'è dentro di lui, il soprannaturale, il trascendentale, la sua spiritualità.

Un "archetipo dello Spirito" deve essere stato per Jung "Filemone", una figura che animava i suoi sogni e che rappresentava per lui una guida, un maestro da seguire. A lui si rivolgeva nei momenti in cui era più facile per lui immaginare che pensare per dare una spiegazione alle sue fantasie, così come leggiamo in "Ricordi": "Subito dopo questa fantasia, un'altra immagine emerse dall'inconscio. Le diedi il nome di Filemone.[...]Non riuscendo a capire questa immagine onirica, la dipinsi per meglio vederla. [...] Filemone e le altre immagini della mia fantasia mi diedero la decisiva convinzione che vi sono delle cose nella psiche che non sono prodotte dall'io, ma che si producono da sé e hanno una vita propria. Filemone rappresentava una forza che non ero io. Nelle mie fantasie conversavo con lui e mi diceva cose che io coscientemente non avevo pensato". [31]

Giove in alchimia

Nel processo di trasformazione alchemica Giove occupa un posto fondamentale.

Infatti, se a prima vista il suo significato primario di benessere, crescita ed espansione non sembra trovare apparentemente spazio nell'accostamento con una disciplina di spoliazione e destrutturazione di una forma per

---

[31] Ibid. pag. 227

arrivare alla nascita di una forma nuova, esaminando da un altro punto di vista i simboli collegati al pianeta, si può concludere che è proprio grazie a Giove che si può compiere l'intero processo di trasformazione, perché non si interrompa il percorso ascensionale quando – al primo contatto con l'inconscio – subentrino incertezze e timori e venga a mancare la speranza di andare avanti ed oltre sulla strada dell'individuazione.

E' grazie alla carica energetica di Giove infatti, che noi possiamo riprenderci dopo momenti di sconforto o di dubbio; lui irrompe nel nostro cielo quasi sempre in momenti critici in cui dobbiamo visualizzare, attraverso il simbolo, qualcosa di fondamentale per la nostra evoluzione.

Per gli alchimisti, di fondamentale importanza era il legame con una figura interiore, una guida spirituale a cui rivolgersi durante la pratica della loro disciplina. Consapevoli delle difficoltà che si potevano incontrare nella ricerca della vera spiritualità, avevano compreso che era di vitale importanza farsi assistere da uno Spirito superiore, che si sarebbe manifestato proprio per quest'atto di umiltà.

Durante il loro lavoro, duro, solitario, costante, condotto nella preghiera e nel silenzio, *l'Immaginazione attiva* era facilmente attivabile, perché è proprio nel silenzio e nella meditazione che si può aprire quel varco che porta all'illuminazione.

La Sublimatio.

> *"La sublimatio è parte dell'arte regale*
> *di fare l'oro puro".*
> C. G. Jung

Il procedimento alchemico collegato a Giove, lo stagno in alchimia, è quello della *Sublimatio*, e sembra che gli alchimisti abbiano tratto questa parola dal termine greco *rhinisma* che significa "limatura". Leggiamo infatti in un testo alchemico: "Se non rendi gli elementi sottilissimi, fino ad essere impalpabili al tatto, non raggiungerai il tuo fine. Se non sono stati macinati, ripeti l'operazione ed assicurati che siano macinati e sottilizzati".

Non a caso i monaci Zen, quando prendono in considerazione nella filosofia dei loro giardini solo pietra, sabbia e piccole piante, parlano di "scorticare la natura", simboleggiando la volontà di raggiungere l'essenziale, di puntare al cuore delle cose, perché solo così si può contattare la caldaia interna del fuoco creativo che simboleggia Giove, attraverso quell'atto di coraggio che s'impone per passare dallo stadio Scorpione allo stadio Sagittario, dall'Acqua al Fuoco, dall'ombra alla luce.

La *Sublimatio* trasforma ciò che è solido in stato gassoso, volatilizzandolo ed elevandolo, dal latino "sublimis", alto.

In effetti, è solo grazie all'Aria che si può acquistare quello stadio definito da Jung dell' "Io osservante" che permette alla coscienza di distaccarsi anche per un breve periodo e quindi non identificarsi con le forze che agiscono nell'inconscio ma separarsi da loro così da poterle osservare, senza giudicarle ma provare a padroneggiarle dall'alto.

Scrive Edward Edinger nel suo "Anatomia della psiche": "La sublimatio è l'ascesa che ci solleva al di sopra delle limitanti complicazioni dell'esistenza terrena immediata. Più in alto si va e più ampia e globale diviene la prospettiva, ma anche ci si allontana dalla vita reale divenendo meno capaci di intervenire su ciò che viene percepito: si diviene spettatori magnifici ma impotenti".[32]

Non solo ci si eleva quindi, ma si riconosce anche di non poter intervenire, è sostanzialmente un naturale atto di resa all'idea che l'unica depositaria di scelta in quel momento dell'esperienza, sia la vita.

Anche gli alchimisti conoscevano la virtù dell'attesa.

Pazientemente aspettavano perché erano consapevoli che il lavoro di applicazione alla loro disciplina poteva prevedere anche dei tempi morti, in cui bisognava imparare ad aspettare che il ciclo potesse spontaneamente riprendere.

---

[32] E. F. Edinger, Anatomia della psiche", Vivarium, Milano, 2008, pag. 113

E il ciclo di trasformazione puntualmente riprendeva, senza che ci fosse da parte dell'alchimista alcun potere di controllo.

Mi sembra quindi che non sia un caso che, in alchimia, Giove non solo sia collegato alla *Sublimatio*, ma sia anche il sesto pianeta della scala alchemica, così come il sesto del Viaggio zodiacale e non mi pare nemmeno un caso che il sesto Segno sia la Vergine, posta a buon diritto tra Fuoco ed Aria, perché Mercurio faccia da "ponte" a che l'Ego grandioso ed eroico del Sole in Leone si ridimensioni quel tanto che gli permetta di passare al giusto mezzo della Venere in Bilancia e quindi all'apertura dell'Io al Tu.

Nella bellissima illustrazione dello *Splendor Solis*, attribuito a Salomon Trismosin e databile attorno al 1530, il Re alchemico cuoce nella sacra fornace mentre una colomba bianca si leva dal suo capo.

La simbologia rimanda alla necessità di ridimensionare l'Ego (il Re) attraverso un bagno purificatore che permetterà all'anima candida (la colomba) di librarsi in cielo.

Salomon Trismosin, Splendor Solis
Estrazione della colomba bianca

Ne consegue che non si può sublimare nulla che non sia stato prima "umanizzato" e purificato, senza che ci sia una dichiarazione di non poter intervenire; non si può trascendere nulla che non sia stato prima riconosciuto grezzo ed imperfetto e a quel punto, dopo averne preso visione, altro simbolo fondamentale di Giove, messo in relazione al Terzo Occhio degli Orientali, trasceso.

Sublimare è "andare in alto e oltre" dopo aver trovato il giusto mezzo tra le polarità che sono state visualizzate; l' "in der mitte" junghiano, il "metaxu" greco, il "bardo" tibetano simboleggiano tutti un "non luogo" trascendentale, indispensabile per stemperare gli stati d'animo estremi proprio perché si è conquistata una terza dimensione, in cui è possibile integrare gli opposti su una base nuova. Un vero e proprio snodarsi di voli e discese, di picchi e cadute, intensamente voluti dalla psiche per arrivare ad uno stadio di centratura, perché è nel centro che si può trovare la Verità.

Scrive Jung: "Ascesa e discesa, altezza e profondità, movimento verso l'alto e verso il basso descrivono una realizzazione degli opposti sul piano emotivo, la quale conduce o dovrebbe condurre gradualmente ad un livellamento degli stessi".[33]

Tutt'altra cosa è la sublimazione nella filosofia freudiana, dove l'impulso istintuale, giudicato negativo ed impossibile da educare, viene represso e incanalato in modo tale da conformarlo alle richieste del collettivo, ma anche all'immagine che abbiamo coltivato di noi stessi per un lungo tempo; per Jung, sublimare è trascendere l'impulso, non è negare né rimuovere, così come leggiamo: "La sublimatio è parte dell'arte regia di creare l'oro puro. E' l'opposto di quella che Freud chiama sublimazione: non è un incanalare forzato dell'istinto in un campo di applicazione spurio, bensì una trasformazione alchemica."

[33] C.G. Jung, Mysterium Coniunctionis, Opere, Vol. XIV/1, Boringhieri, Torino, 89-90 pagg. 212-13

La Circulatio.

"Ascende dalla terra in cielo e ridiscende in terra.
Raccogliendo le forze delle cose superiori e inferiori.
Tu avrai così la gloria di tutto il mondo
E fuggirà da te ogni oscurità".
Tavola smeraldina.

Secondo i testi alchemici, la pietra filosofale deve circolare toccando tutti gli elementi per assicurarsi una costante purificazione. Nella simbologia astrologica, si potrebbe riferire questo movimento circolatorio di ascesa, discesa e successiva ascesa che riferiamo alla *Sublimatio* ai settori astrologici delle così dette "case mobili" dell'oroscopo, la terza e la nona, la sesta e la dodicesima, collegate a Mercurio e a Giove, pianeti messi in relazione al movimento sia esterno che interno e quindi alla capacità di razionalizzare quanto di simboleggiare.

Mercurio e Giove, Signori dei Gemelli e della Vergine il primo e del Sagittario e dei Pesci il secondo, sono preposti proprio ad effettuare questo scambio tra due dimensioni ben distinte tra loro, in maniera tale che l'una collabori con l'altra e non piuttosto vinca sull'altra, mettendola a tacere.

Si può ricordare che la funzione simbolica della mente è collegata all'emisfero destro del cervello, legato proprio a Giove, che elabora i contenuti connessi alla percezione delle emozioni e di ciò a cui rimandano i sensi. E' collegata alla fantasia, al sogno, alle attitudini artistiche e musicali, alla poesia, all'intuizione.

Diversamente, l'emisfero sinistro, collegato a Mercurio, elabora le connessioni logiche e verbali, attraverso la ragione, la parola e la linearità del pensiero.

Mercurio che gira la ruota alchemica

E' Mercurio infatti che, dopo aver selezionato e dettagliatamente scelto le informazioni che raccoglie dalla realtà le riporta a Giove, affinché esse vengano integrate con una conoscenza che non è più solo empirica o razionale, ma trascendente e spirituale. Così come in alchimia nella *Circulatio* i vapori delle sostanze scaldate all'interno dell'ampolla ciclicamente salivano e ricadevano sotto forma di fluido sul fondo di essa, altrettanto avviene in astrologia nello scambio tra Mercurio e Giove.

Ricordiamo che Giove è il "ponte" in diretta comunicazione col Sé, è capace di visioni ed intuizioni che non sono proprie delle qualità mercuriali. Anche se Mercurio, con la sua esaltazione in Scorpione, può fare da *Psicopompo* e quindi mettere in collegamento la mente con l'inconscio, la sua prima valenza è quella di incamerare quanti più dati dalla realtà (Gemelli) per poi sottoporli al filtro della ragione, della logica e della consequenzialità (Vergine).

Se i due pianeti non collaborassero, l'individuo sarebbe quindi spinto a schierarsi o con l'una o con l'altra parte, finendo per razionalizzare troppo oppure distaccarsi pericolosamente dalla realtà, spesso creando percezioni fallaci e convinzioni illusorie e falsate.

Così, quanto più Mercurio come capacità intellettiva, razionale e logica potrà cedere a Giove le informazioni raccolte con attenzione e metodo dalle mille sfaccettature della realtà, quanto più potrà esprimersi la capacità simbolica di Giove, che favorirà l'apertura della mente ad un migliore stato di coscienza.

Giove inclina sempre a fidarsi delle proprie visioni, a contare più su una guida interna piuttosto che esterna, ed è per questo determinante che queste visioni siano continuamente temprate da un buon lavoro mercuriale, che induca la mente a non discostarsi dalla realtà oggettiva.

Al contrario, quanto più Mercurio porterà la mente a chiudersi e a strutturarsi in maniera rigida e schematica, quanto più indulgerà in idee, convenzioni ed informazioni solo soggettive e che non abbiano mai avuto riscontro nell'esperienza personale, quanto più Giove tenderà ad eccessi, a false interpretazioni ed alla presunzione di avere la Verità.

Ricordiamo che, perché l'*Immaginazione attiva* possa operare in modo appropriato non si potrà accontentarsi delle immagini collettive che salgono dall'inconscio, ma bisognerà ricondurle all'esperienza personale, perché questo è l'unico modo per esprimere la propria specialità ed unicità, il proprio contributo, unico ed inconfondibile, da portare al mondo.

Ecco perché l'archetipo, come affermava Jung, non è mai fisso, ma è davvero "un vaso" che raccoglie l'esperienza dell'uomo nei secoli per poi attualizzarsi nella forma specifica e peculiare, in cui l'unicità personale si esprime.

Scrive Jung: "L'oscillazione tra gli opposti, il movimento per il quale il soggetto è proiettato prima verso l'interno e poi verso l'esterno, significa che esso è contenuto negli opposti. Gli opposti si fanno vaso in cui fluttua, vibrante, quella creatura che era prima una cosa e poi l'altra, cosicché lo stato doloroso di sospensione tra gli opposti si trasforma a poco a poco in un'attività bilaterale del punto centrale". [34]

---

[34] C. G. Jung, Mysterium Coniunctionis, Opere, Vol. XIV/1, Boringhieri, Torino, 1989-90, pagg. 212-13

Giove pittore di farfalle.

L'importanza del giusto scambio tra Giove e Mercurio, così come tutto il percorso alchemico, dalle prime fasi della *Nigredo* fino alla creazione dell'Oro, possono trovare uno splendido compendio nel quadro di Dosso Dossi "Giove pittore di farfalle, Mercurio e la Virtù", custodito nel Castello di Wawel a Cracovia, in cui è possibile rintracciare ogni tappa alchemica ad iniziare dalla Nigredo, con la scelta della farfalla, alchemica perché bella dopo aver attraversato lo stadio vile e ripugnante di bruco.

Il quadro ci presenta il re degli dei completamente assorbito nel dipingere, mentre assistono alla scena altri due personaggi: Hermes, raffigurato con i talari, il caduceo ed il petaso ed una figura di donna, dai più ritenuta la personificazione della Virtù. Dossi dipinse questo quadro probabilmente su commissione di Alfonso d'Este, signore di Ferrara, in quel periodo in cui fiorivano alla corte dipinti allegorici e di chiaro riferimento all'ermetismo alchemico, che a quel tempo era tenuto in grande considerazione.

Dosso Dossi, 1523-1524
Giove pittore di farfalle

Nel dipinto, sono ben riassunti tutti i simboli gioviani d'ispirazione e passione creativa, di distacco e contemporanea partecipazione, di Aria e Fuoco, che si possono integrare solo in una condizione di concentrazione su se stessi e nel silenzio, a cui rimandano l'atteggiamento rapito di Zeus, i fulmini temporaneamente abbandonati ai suoi piedi, ma soprattutto il "dito di Hermes sulla bocca".

I commentatori si sono diffusi molto su questo dipinto, dove hanno voluto rintracciare soprattutto motivazioni collegate al momento storico del pittore e al suo committente, Alfonso d'Este di cui hanno voluto vedere i tratti nel volto di Zeus.

Quanto alla figura femminile, c'è chi vi ha voluto vedere la personificazione della Virtù che chiede l'intercessione di Hermes presso Zeus per alcune sue recriminazioni nei confronti della Fortuna, chi quella dell'Eloquenza, costretta al silenzio da un Hermes nelle insolite vesti di Arpocrate, il dio egizio del silenzio, che diventa una singolare qualità per Hermes, da tutti conosciuto come "dio della comunicazione e della parola".

Giove pittore di farfalle, particolare

Ma sappiamo che suo è anche l'appellativo di *Psicopompo*, l'accompagnatore di anime nel mondo infero; Hermes assume in questo quadro le qualità di Mercurio in Scorpione, o quando il pianeta si leghi a Plutone, un archetipo che sceglie il silenzio quando vuole approfondire le cose; riconosce cioè la necessità della concentrazione quando si applica in qualcosa o quando crede che solo dopo essere entrato a contatto col silenzio, la visione diventa chiara, l'esperienza viene compresa, portata dentro ed elaborata, la scelta diventa semplice, il dubbio scompare.

Ed è proprio il silenzio, in piena solitudine, quello che assume un valore di vitale importanza nelle varie fasi del processo d'individuazione, quando – sotto le pressioni dell'inconscio – la mente può restare disorientata per le sollecitazioni irrazionali che salgono da sotto e non si riescono a spiegare.

Nella sacralità del silenzio, si può recuperare quella dimensione psichica che può isolare dai tumulti emotivi e permettere l'incontro con l'inconscio senza che si producano traumi o quei timori che sempre si rivelano al primo contatto tra le due dimensioni; uno spazio intimo e privatissimo in cui l'uomo e la donna possono ritrovare se stessi e toccare la propria anima, senza giudicarla, ma semplicemente accogliendola nelle sue sfaccettature.

Non a caso Paracelso assegnava alla meditazione un altissimo valore, ritenendola una parte sostanziale dell'immaginazione.

Il dito di Hermes sulla bocca quindi, potrebbe simboleggiare la necessità di operare un'integrazione tra il dentro ed il fuori, tra l'introspezione e l'azione, tra la ragione e l'intuizione, tra il silenzio e la parola, riconoscendo il valore dell'uno e dell'altro a seconda dell'esperienza che la vita propone.

Ma Hermes che invita al silenzio potrebbe anche rimandare alla necessità di tacitare la mente e le sue concettualizzazioni per accogliere l'esperienza senza pregiudizi, senza mettere in moto schemi e forme pensiero che si son fatti automatici, senza che ci possa essere la possibilità di ascoltare altre suggestioni.

Spostando l'attenzione dal principio di *Logos* al principio di *Eros*, si può accedere all'intimità con se stessi che apre al potenziale creativo che Giove rappresenta e che potremmo vedere riassunto nel simbolo dell'arcobaleno, da sempre ed in ogni religione ritenuto un ponte tra la Terra e il Cielo.

Solo dopo quest'integrazione, si può cogliere appieno ciò che Giove simboleggia e non rischiare di scivolare in un eccesso di sublimazione, a cui il pianeta espone quando lavora male.

In alchimia, ogni operazione portata all'eccesso e non calibrata ha effetti rovinosi; nel caso di Giove, si può arrivare a tutti quei rischi che caratterizzano un Giove leso: ipertrofia dell'Ego, arroganza e presunzione di avere la Verità, incapacità di darsi dei limiti, cecità o abbagli nelle scelte, così che la possibilità del volo, degli spazi aperti a cui ci spinge Giove, della visione alta che non è mai visionaria perché mai dimentica del limite terreno, si vanificano e si sprecano. Il volo gioviano è quindi possibile solo se c'è la volontà di tornare giù: non ci può essere una reale sublimazione se non intervallata da discese nella materia, perché il movimento verso l'alto fa avvicinare all'Infinito e il movimento verso il basso non fa perdere il contatto con i limiti dell'incarnazione umana. Lo sciamano è una figura gioviana: il suo volo magico lo innalza al Cielo ma lui non dimentica mai di essere un uomo, consapevole dei suoi grandi potenziali così come dei suoi limiti e proprio per questo in contatto con la Mente Divina.

Una riconciliazione interna che permette di continuare a credere nell'Ordine superiore delle cose, perché si è penetrata l'esperienza e se n'è fatto tesoro.

Volo sciamanico

Bibliografia di Giove Alchemico

J. Raff, Jung e l'immaginario alchemico, Edizioni Mediterranee, Roma 2001

M.-L. von Franz, Le fiabe interpretate, Bollati Boringhieri, Torino 2012

C.G. Jung, Ricordi, sogni, riflessioni, BUR Saggi, Milano 2016

J. Hillman, Re-visione della psicologia, Adelphi, Milano 1983, e-book

J. S. Bolen, Passaggio ad Avalon, PIEMME, Casale Monferrato 1948

C.G. Jung, Mysterium Coniunctionis, Opere, Vol. XIV/1, Boringhieri, Torino, 1989-90

E. F. Edinger, Anatomia della Psiche, Simbolismo alchemico nella psicoterapia, Vivarium, 2008

M. Maier, Atalanta Fugiens, con trascrizione in notazione moderna delle 50 fughe, Biblioteca Ermetica, edizioni mediterranee, Roma 2002, pag. 228

On line : http://alchemywebsite.com/prints_series_atalanta.html

Saturno Alchemico

"La nostra terra nera è terra fertile"
Detto alchemico

Saturno, Codice De Sphaera, 1470 ca.

Saturno è certamente il "Pianeta dell'alchimia"; i suoi simboli accompagnano infatti l'Opera alchemica dall'inizio alla fine: dalla prima fase della *Nigredo* dove simboleggia la Prima Materia, grezza e da purificare, Saturno accompagna l'alchimista fino allo stadio finale, quello che culmina con la creazione della Terza Materia, la Pietra Filosofale, in cui si compie finalmente il percorso junghiano d'individuazione dall'Io al Sé.

Saturno in alchimia è legato alla pietra, al piombo, al sale.

A questo proposito ed iniziando dalla simbologia della pietra, in "Ricordi, Sogni e Riflessioni", Carl Gustav Jung ricorda come da bambino gli piacesse identificare se stesso con una pietra, posta in un pendio non lontano dalla sua casa, dove fin da piccolo era solito andare a meditare.

Scrive Jung: "Nel nostro giardino c'era un vecchio muro di grossi blocchi di pietra. [...] Di fronte a questo muro vi era un declivio, dal quale sporgeva un masso: era la *mia* pietra. Spesso, quando ero solo, andavo a sedermi su quella pietra e cominciava allora un gioco fantastico, pressappoco di questo genere: Io sto seduto sulla cima di questa pietra e la pietra è sotto, ma anche la pietra potrebbe dire "io" e pensare: Io sono posata su questo pendio ed egli è seduto su di me. Allora sorgeva il problema: sono io quello che è seduto sulla pietra, o io sono la pietra sulla quale *egli* siede? Problema ch'era sempre il mio assillo e allora solevo alzarmi chiedendomi chi, ora, fosse "qualcosa". La risposta era tutt'altro che chiara e brancolavo nel buio, buio che però stranamente mi affascinava. Non nutrivo dubbi che la pietra non fosse in qualche oscuro rapporto con me e potevo sederci su per ore, affascinato dal suo enigma."[35]

Per chi non abbia molta dimestichezza con la simbologia astrologica, queste parole possono rimanere decisamente oscure, senza alcun significato, ma si può cercare di illuminarle proprio attraverso il simbolo, perché in astrologia il primo significato che si dà al pianeta è proprio quello di "Pietra"; l'archetipo saturnino diventa così la base da cui si può iniziare per costruire la personalità intera, ma anche il punto a cui ritornare in tutti quei momenti di crisi in cui c'è bisogno di ridefinire la propria identità.

E' quindi proprio Saturno, il pianeta più temuto nell'immaginario collettivo, che dà il via all'intero viaggio di ricerca.

E' lui il "Guardiano della soglia" dell'inconscio che si deve aprire per permettere alla coscienza di accedere a quelle dimensioni celate della propria natura, che aspettano di essere illuminate per compiere l'integrazione tra l'Io e il Sé.

---

[35] C.G. Jung, *Ricordi, sogni, riflessioni*, BUR Saggi, Milano 2016, pag. 37

Saturno in mitologia

Nel parlare di Giove, abbiamo visto il mito che lo lega Saturno, il dio del Tempo lineare.

I due archetipi sono strettamente legati fra loro e fanno parte di un mito archetipico/alchemico basato innanzitutto sullo scontro generazionale, ma anche sul desiderio innato che spinge l'uomo a realizzare se stesso e la propria individualità, a costo di lottare contro ciò che è stato tramandato pedissequamente dal passato, come insieme di regole e diktat a cui obbedire.

Nell'attimo in cui il "figlio" Giove risparmia il "padre" e contemporaneamente inizia un nuovo modo di usare il potere conquistato, il padre stesso inizia la sua elevazione, attraverso tempi ben precisi e determinati: dalla sconfitta all'espiazione nel Tartaro (*Nigredo*) fino all'ultimo stadio che rimanda all'Oro alchemico, la creazione della Pietra filosofale. Ecco perché Saturno/Crono è il dio del Tempo.

Possiamo ricordare che presso gli antichi, il concetto di tempo non era riconducibile all'unico significato che gli ha assegnato il mondo occidentale, ma si divideva in due accezioni: il tempo lineare, collegato appunto a Crono e messo in relazione con l'idea di un inizio ed una fine che si dispiegano in maniera consequenziale e il tempo Kairos, collegato al senso dell'opportunità per cui, dato un limite ben preciso e definito di tempo, si possono cogliere o non cogliere i suggerimenti, le occasioni positive e le opportunità che l'esperienza offre per operare nel migliore dei modi e quindi andare avanti ed aprire ad un futuro migliore, oppure tornare indietro e regredire.

A questo punto, la nozione di tempo potrebbe perdere il valore di linearità ed assumere un valore molto simile a quello che si ritrova nelle filosofie orientali, ossia quello di circolarità, dove l'inizio di un qualcosa non può prendere il via se non dopo che sia stata decretata la fine di qualcos'altro, che non era più in linea col percorso scelto dall'anima.

Il mito di Saturno, con i suoi tre passaggi che lo vedono da "Tiranno" ad "Esiliato" e quindi "Signore dell'Età dell'Oro", potrebbe essere letto in quest'ottica simbolica, visto che ci presenta il dio in tre fasi distinte tra loro, ma strettamente concatenate, dove l'una non potrà generarsi se non dalla fine della precedente.

Ma il mito saturnino mette soprattutto l'accento sulla possibilità che la violenza e l'ingoiamento delle qualità filiali da parte di un padre tiranno, (dove col termine "padre", non ci si riferisce al padre reale, quanto all'archetipo paterno rappresentativo dell'insieme delle regole fissate dal Patriarcato), se non illuminate dall'individuo e portate alla coscienza, non potranno che essere automaticamente ri-agite in maniera peggiorativa, fin quando non verranno rivisitate per essere sottoposte all'esperienza individuale e solo a quel punto confermate o lasciate andare.

L'archetipo saturnino del mito quindi, personificazione di un giudice supremo rigido ed autoritario che detta le regole dall'alto nell'illusoria convinzione che esse possano essere fissate per sempre e diventare eterne, in un tempo immutabile dove tutto è rigido e già predefinito, può essere perfezionato dall'individuo che, inevitabilmente esposto e quasi obbligato a rimettere in moto le stesse dinamiche ereditate dalla massa, attraverso il cambiamento operato di certi modi stereotipati di fare che sono stati soltanto introiettati nella coscienza, ma che devono essere sottoposti al giudizio personale, può disegnare per sé un diverso futuro, in cui poter esprimere se stesso e compiere il suo progetto individuale, che non avverrà più per semplice passaggio del testimone, ma dopo che sia stato sottoposto al vaglio dell'esperienza personale.

Saturno in astrologia

E' per questo che in astrologia, se Urano, pianeta del cambiamento e dell'individuazione, è preposto a modificare la rotta se ci si sta discostando troppo dal progetto iniziale dell'anima, Saturno è la stella polare di quella rotta; se Urano spinge a smantellare ciò che blocca il processo di conquista della propria individualità, Saturno è il presupposto per compiere in maniera giusta quel percorso, restando veri con se stessi, senza farsi deviare da condizionamenti esterni, falsi pretesti o illusorie identificazioni. Non a caso se c'è un transito di Saturno (struttura) sul cielo di nascita, parallelamente c'è un transito di Urano (cambiamento), perché attraverso le spinte contrarie dei due pianeti si possa giungere a strutturare la propria identità, senza dover rinunciare ad esprimere la propria libertà personale.

E così, via via che si va avanti nella vita, che si fanno esperienze piacevoli e gioiose oppure difficili e dolorose, il percorso può cambiare e assumere caratteristiche nuove: quella pietra si può rafforzare, stabilizzare e consolidare, così come si può deformare e snaturare, fino a diventare completamente diversa da ciò che era all'inizio; fino a diventare un macigno per le sovrastrutture che si sono aggiunte, le rigidità, le interpretazioni, le convinzioni a cui conduce la mente per proteggere l'Io da ciò che può minare le sue sicurezze; si arriva a un punto in cui c'è più sovrastruttura che struttura, più apparenza che sostanza, più costrizione che libertà: la verità è perduta, la propria natura, snaturata, il divario con l'essenza originaria si fa gigantesco e quindi gigantesco è il divario tra ciò che si pensa di essere e ciò che si è, ma anche tra ciò che si sarebbe potuto diventare se si fosse rimasti fedeli a se stessi, all'essenza originaria racchiusa in quella "pietra".

Per fortuna, nella psiche profonda, nella parte più sapiente di noi, che non è collegata soltanto alla conoscenza delle cose o all'intelligenza della mente, non è collegata alle speculazioni dell'intelletto ma alle ragioni dell'anima, quella "pietra" rimane come un punto fermo a cui fare riferimento se si sente che è smarrita la via; è come se Saturno ci dicesse: "ricomincia da qui, da quello che sei e non da quello che pensi di essere, ricomincia da quello che sei e non da quello che sai, o mostri, o dici, o fai, ricomincia dalle tue fondamenta e poi valuta ciò che ti serve per rimanere fedele a te stesso, alla tua specificità, all'unicità del progetto della tua anima e ciò che non ti serve, ciò che è diventato zavorra, ciò che non è in linea con quello che tu stesso vuoi diventare, lascialo andare".

Se ci interroga, con onestà e coraggio, Saturno – la nostra sapienza profonda – risponde.

La Prima Materia, la pietra che si è deformata, che ha perso la purezza e l'innocenza originaria giace nell'Ombra, è il Diavolo dei Tarocchi, il

Saturno più negativo ma anche iniziatore, che permette di visualizzare proprio ciò che è d'impedimento all'intero percorso, ciò su cui si deve lavorare per andare oltre e compiere il viaggio: è da ciò che giace nell'Ombra che si deve partire.

Un percorso doloroso, non c'è dubbio, un percorso di solitudine e senso di privazione, che procedeva attraverso le tre fasi cardine dell'alchimia, *Nigredo, Albedo e Rubedo.* E come non pensare alle tre fasi dei transiti saturnini, così come a tutti i transiti dei pianeti lenti, che vedono l'incontro col problema da elaborare nella prima fase, la visione di quanto va modificato nella seconda e la liberazione e un nuovo stato dell'essere nella terza, quella finale.

In termini psicologici, lavorare sull'Ombra, illuminarla, accettarne l'esistenza come prerequisito alla trasformazione, permette di giungere ad uno stadio di pura potenzialità, l'unico da cui può emergere una forma nuova, nel rispetto della forma originaria che è stata riconquistata per essere trasformata ed evoluta.

Scrive Edward F. Edinger nel suo "Anatomia della psiche": "Tutti i pensieri, i gesti e i ricordi che fanno vergognare, sentire in colpa o in ansia hanno bisogno di essere espressi totalmente. L'affetto che se ne libera diviene il fuoco che può essiccare il complesso e purificarlo dalle sue contaminazioni inconsce". [36]

In sostanza, il cambiamento che esige Urano, pianeta dell'individuazione, pianeta che ci spinge continuamente a chiederci "chi siamo", ha come prerequisito la riconquista della propria natura profonda, a tal punto che, se Saturno ha perso il suo valore originario di base da cui partire rimanendo fedeli a se stessi e cioè a quanto indicato già alla nascita, l'acqua di Nettuno e le energie congiunte di Urano e Plutone si alleano per riportare l'Io al punto di partenza; crollano le sovrastrutture e resta solo il caos indifferenziato e da riordinare per arrivare alla Verità, è la psiche stessa che va verso questo traguardo ed è la disperata ricerca di questa nuova

---

[36] E. F. Edinger, Anatomia della psiche", Vivarium, Milano, 2008, pag. 103

sapienza che deve tranquillizzare l'uomo di buona volontà.

Attraverso la *Solutio* psicologica, messa in relazione alle fasi di transizione della vita, in cui si sente di non poter più fare affidamento sulle solite certezze perché proprio queste certezze si stanno sciogliendo, Saturno incontra Nettuno, dopo aver attraversato il deserto, altro simbolo altamente saturnino.

Nel deserto non c'è nulla, ma perché è solo partendo dal nulla che si può cercare di recuperare uno stato di pura potenzialità. I transiti di Saturo sono spesso segnati da questa sensazione di deprivazione, di solitudine, ma è proprio in condizioni di isolamento, spesso non solo interiore che si può cominciare a rafforzarsi davvero, passando dalla falsa resistenza alla vera forza, dall'illusione di sicurezza della vecchia struttura al riconoscimento del valore di quella latente, che vuole nascere perché intimamente sa di essere superiore alla precedente, sa di essere vera.

E, proprio nell'esperienza fatta in solitudine, si può incontrare l'acqua dell'oasi di Nettuno, la propria spiritualità.

Saturno, pianeta del Capricorno e dell'Acquario, ha bisogno - nel momento di ricostruzione di una forma nuova - dell'aiuto di Nettuno, pianeta del Sagittario e dei Pesci, non a caso esaltato in Acquario, Segno di Urano, pianeta dell'individuazione.

Se Saturno imposta tutto un sistema di valori e credenze in cui l'Io può riconoscere quanto ama di sé, della propria identità, Nettuno illumina le profondità sommerse, fa balenare pezzi d'identità completamente negati, fa immaginare una nuova identità: Si può dire quindi che il pianeta accelera il processo d'individuazione del Sè, proprio attraverso il riconoscimento di "ciò che non si è", di ciò che ci si era illusi di essere, nel tentativo di tranquillizzare se stessi e le proprie fragilità.

Attraverso Nettuno infatti, si può individuare quanto è proprio e specifico della propria natura per riconfermarlo, oppure lasciarlo andare perché non più in linea col progetto che l'anima porta con sé.

Nettuno alchemico

"Chi beve dell'acqua che io gli darò
non avrà mai più sete, anzi, l'acqua che io gli darò
diventerà in lui una fonte che scaturisce in vita eterna".
Giovanni, 4:14

Solutio

Il penultimo pianeta del sistema solare, signore dei Pesci e del Sagittario, è un pianeta molto complesso per i simboli che rappresenta, ma importantissimo da integrare nella vita concreta di tutti i giorni.

Pianeta d'acqua, regno delle emozioni, simboleggia la trascendenza e quanto la realtà ordinaria non riesce a spiegare. Collegato al mondo onirico e a quello dell'immaginazione, rappresenta la parte irrazionale e caotica della mente, che desidera sganciarsi dalla realtà collegata strettamente all'esperienza sensoriale per approdare ad una dimensione "altra" dove la mente è costretta a rinunciare ad ogni controllo. Simboleggia quindi un'energia fluida e mutevole, che spinge l'individuo a ricercare le motivazioni della sua esistenza in un progetto più ampio che vada al di là dell'esperienza umana, un progetto strettamente congiunto al Divino.

La Solutio.

> *"Oh, benedetta l'acqua che fa da ponte,*
> *che dissolve gli elementi, perché*
> *quando per il potere dell'acqua, la composizione si dissolve*
> *quello è il giorno della restaurazione".*
> *L'aureo trattato di Ermete*

Nettuno è un simbolo d'amore e di partecipazione, è l'oceano in cui ogni onda può fare la sua parte; durante i suoi transiti, spinge ad uscire dall'interesse personale e ad aprirsi ad un sentimento d'unione, di condivisione, Nettuno è Amore Universale.

Questo sentimento di appartenenza alla Totalità, vede spesso l'individuo alle prese con la rivalutazione di ciò che ha importanza per sé, che è fondamentale per ridefinire la sua identità. E' come uno scoprire chi si è attraverso la negazione di ciò che si pensava di essere, ma soltanto perché l'identità non può essere un monolite dai rigidi confini; ciò porterebbe a perdere anche tutto ciò che è in potenza, che giace nel mondo sommerso del Sé e che deve essere portato alla coscienza.

Infatti, se Saturno simboleggia il Super Io e cioè quel bisogno che sta a difesa dell'Io e che tenta di strutturare in maniera stabile e soprattutto duratura la personalità, fissando limiti e paletti razionali da cui non si vuole derogare, Nettuno è il "non limite", il "non confine", il bisogno completamente irrazionale ed inconscio che non ci vuole fissi e limitati, ma in continuo divenire.

Per far questo, Nettuno opera con quello che ho sempre definito "l'effetto marea", portando e riportando sensazioni e percezioni che hanno l'unico scopo di far comprendere alla mente che c'è qualcosa molto più grande di lei che cerca l'incontro con l'inconscio, con quanto resta fuori dalla barriera della coscienza, perché rifiutato come avulso e lontano dalle personali identificazioni.

Il giusto scambio tra i due pianeti quindi, senza che l'uno prevarichi l'altro, è di fondamentale importanza per garantire all'Io di poter strutturare una coscienza forte e stabile, senza che le irruzioni dall'inconscio di Nettuno mettano a rischio l'intera opera d'integrazione.

Esplicativo a questo proposito l'emblema n. XV dell'Atalanta Fugiens dove si legge: "Che l'opera del vasaio, composta di secco (Saturno) ed umido (Nettuno), t'insegni".

Atalanta Fugiens, Emblema XV

Scrive Mircea Eliade in "Patterns in Comparative Religion": "L'immersione in acqua simbolizza il ritorno al preformale, una rigenerazione totale, una nuova nascita, poiché l'immersione significa la dissoluzione delle forme, la reintegrazione nell'essere informe della preesistenza; l'emersione dell'acqua è la ripetizione dell'atto della creazione, nel quale la forma fu espressa la prima volta".[37]

Atalanta Fugiens, Emblema XXXI, Solutio del Re:
"Chi mi libererà dalle acque e mi porterà alla secchezza,
sarà ricompensato con ricchezze perpetue".

E' questa una fase molto delicata in cui ci si può sentire svuotati, perché vengono a mancare le illusioni che il Super-Io (Saturno) ha messo in atto a partire dall'infanzia, per allinearsi a ciò che la psiche collettiva chiedeva, ma anche quella personale per ricevere accettazione. Infatti, se Saturno è collegato all'elemento Terra, stabile e permanente, Nettuno ed il suo collegamento all'elemento Acqua sono assimilabili alla messa i discussione di tutte le certezze e le sicurezze precostituite e rimane solo l'affidamento a qualcosa di superiore, al giusto fluire della vita, all'ordine superiore delle cose.

---

[37] M. Eliade, Trattato di storia delle religioni, Boringhieri, Torino 1964, pagg. 193-194.

Deve sostanzialmente avvenire un atto di resa da parte della mente che non potrà più ergersi ad unica depositaria della Verità.

Se a prima vista quindi può apparire molto destabilizzante per l'Io questo apparente perdersi in qualcosa più grande di lui, appare anche come l'unica possibilità per eliminare quanto non è più da considerare indispensabile per la propria individuazione e quanto lo è; quanto deve essere lasciato andare e dissolto perché superato e quanto può servire alla costruzione di una nuova personalità, più grande, più matura e completa della precedente.

Attraverso il procedimento della *Solutio*, il metallo veniva liquefatto e totalmente dissolto, perché solo a quel punto poteva essere trattato e sottoposto alle varie trasformazioni. Come in una sorta di "ritorno all'utero", si portava la materia differenziata del metallo al primario stato di indifferenziata fusione, così come leggiamo in un testo alchemico: "Le sostanze non possono essere cambiate se non riportandole innanzitutto alla loro materia prima".

Atalanta Fugiens, Emblema III
"Va dalla donna che lava i panni e fa come lei"

Tu che ami scrutare le celate dottrine, trai,
Senza oziare, tutto l'inutile da quest'esempio:
Non vedi la donna che smacchia i panni
Versandoci sopra acqua calda?
Imitala, e l'arte tua non ti deluderà;
L'onda infatti lava le scorie dei corpo nero.

Atalanta Fugiens, Epigramma III

Psicologicamente, l'immersione in acqua viene vista come simbolo della possibilità di spogliarsi delle emozioni inferiori che inquinano la coscienza: la rabbia, il senso di colpa, la paura, la vergogna, il senso di inadeguatezza e tutti quei sentimenti che sono diventati ri-sentimenti e che miracolosamente guariscono, si lavano via proprio attraverso questo rito, messo in analogia col potere purificante e terapeutico dell'acqua.

E' per questo che l'acqua è stata sempre vista nella simbologia mitica di ogni popolo come un elemento non solo di purificazione, ma anche di immersione in una dimensione "altra" in cui ci si può incontrare con percezioni e sensazioni diverse, capaci di operare una ricongiunzione con le profondità sommerse della psiche, sconosciute alla coscienza e per questo da illuminare.

A livello psicologico, non è una fase facile questa, soprattutto quando tutta la personalità si è strutturata attorno ad un'idea di sé che, se pur incompleta, ha garantito stabilità e certezze. E' come dover riconoscere l'esistenza di un qualcosa che si sente minaccioso ed incomprensibile; si finisce così per accontentarsi della forma raggiunta perché si sente che aprirsi ad altre esplorazioni potrebbe essere devastante, come un annegamento, una morte dell'Io.

Ma è proprio quest'annullamento, questa "riduzione" di potenzialità che si ritenevano indispensabili per la stabilità interiore promuove un ampliamento, perché facilita il lasciar andare quanto non più utile e salvabile della personalità e contemporaneamente conservare ciò che dell'essenza doveva essere recuperato.

Scrive Jung in "Ricordi" (dopo un infarto nel 1944, n.d.a.): "Ebbi la sensazione che il passato mi fosse all'improvviso tolto violentemente. Tutto ciò che mi proponevo, o avevo desiderato, o pensato, tutta la fantasmagoria dell'esistenza terrena, svanì, o mi fu sottratto; un processo estremamente doloroso. [...] Questa esperienza mi dava la sensazione di un'estrema miseria e, al tempo stesso, di grande appagamento. Non vi era più nulla che volessi o desiderassi. Esistevo, per così dire, oggettivamente. Ero ciò che ero stato e che avevo vissuto. Dapprima certamente prevalse il senso d'annientamento, di essere stato spogliato, saccheggiato, ma poi tutto ciò perse importanza. [...] Non sussisteva più il rimpianto che qualcosa fosse scomparsa o fosse stata sottratta. Al contrario, possedevo tutto ciò che ero, e solo questo.".[38]

E' così che agisce la *Solutio*: mentre da un lato scioglie e disintegra ciò che non è più "pietra", ma si è fatto cemento armato; che non è più punto di riferimento ma corazza che soffoca la vita e castra le scelte, dall'altro prospetta una forma nuova, completamente purificata, una forma in potenza, che aspetta soltanto di essere espressa.

E' questa la vera libertà che ci dona Nettuno.

Dalla follia al Sacro.

Abbiamo visto come i simboli legati a Nettuno siano complessi e sfaccettati. Si passa dalla confusione, dalla disintegrazione fino alla follia, per poi toccare la più alta spiritualità, la vera religiosità.

A questo proposito, si possono portare come esempio due figure di Santi pellegrini, Rocco e Cristoforo che – da un percorso nettuniano di eccessi e disinteresse per i valori superiori - elevano la loro coscienza proprio interpretando gli attributi più nobili del pianeta: spiritualità, misericordia e pietà.

---

[38] C. G. Jung, Ricordi, sogni, riflessioni, BUR Saggi, Milano 2016, pag. 354

Le vite dei due Santi, entrambi venerati come protettori dei viandanti, dei pellegrini, nonchè invocati contro la peste e le malattie inguaribili, ci illustrano il passaggio da una fase d'indifferenza e di vita senza destinazione ad una "conversione" di tipo spirituale, (così come fu per San Francesco), a tal punto da spendere tutta la loro esistenza nel gloriare il nome di Dio, attraverso l'aiuto ai sofferenti e ai diseredati della terra, nonostante le proprie sofferenze e fino al martirio.

La loro tensione si fa quindi "sacra" nell'attimo in cui, rinunciando al loro Ego infantile, si fanno carico dei dolori del mondo, così come suggerisce "il mondo" che sorregge il Bambino Gesù nell'iconografia che riguarda Cristoforo.

San Cristoforo

Simili anche i simboli in comune tra di loro e simili gli attributi: raffigurati entrambi col bastone, il mantello e la bisaccia, sono affiancati dalla presenza di un cane, che può simboleggiare gli impulsi istintuali che

131

agitano l'animo umano e che lo spingono in un mondo possibilistico, proprio perchè sganciato dalla realtà, su cui è possibile vincere solo grazie alla luce dello Spirito. Non a caso, Cristoforo era anche venerato e rappresentato in molti affreschi bizantini come Cinocefalo(κυνοκἐφαλος, dalla testa di cane), con caratteristiche comuni ad Anubi psicopompo, (il traghettatore delle anime nel regno dei morti, così come Cristoforo traghetta il Bambino Gesù sull'altra sponda); la sua figura viene inoltre messa in relazione al moto astronomico di Sirio, stella appartenente alla costellazione del Cane Maggiore.

Due Santi che appaiono subito "di rottura" rispetto a quelli che erano i dettami del mondo di allora; Rocco, dopo aver dato ai poveri tutti i suoi beni, troverà la sua strada dedicandosi alla sofferenza degli altri, a guarire gli altri, così come nella mitologia avvenne per il centauro Chirone; Cristoforo, dopo aver superato l'abbrutimento della sua natura e di una vita scellerata, onorerà se stesso come creatura di Dio, capace di trasformare la sua vita in sacra e benedetta da quanti gli si rivolgeranno e che lui beneficherà.

San Rocco

Entrambi i Santi hanno quindi rinunciato ad una vita consolidata per aprirsi al nuovo, perchè solo nel "nuovo" avrebbero potuto scoprire l'interezza della loro natura, avrebbero potuto contattare "il sacro" che era dentro di loro.

Questa rottura con gli schemi consolidati ed il contemporaneo avviarsi verso scelte di estrema libertà, la ritroviamo anche nella carta senza numero degli Arcani Maggiori, "Il Matto", dove incontriamo gli stessi attributi che abbiamo trovato nell'iconografia dei due Santi pellegrini.

La Separatio.

"Sono venuto per dividere, non per unire"
Matteo, 10 :34-36

Il Matto

La carta del Matto è l'unica carta degli Arcani Maggiori a non avere un numero definito. C'è infatti chi la identifica col numero "0", chi col numero "22", ma in tutte le interpretazioni troviamo come costante il simbolo dell'energia originaria indifferenziata, che si fa libera e senza condizioni proprio perché libero è l'individuo nel compiere le sue scelte.

"Il Matto" è un simbolo d'individuazione.

Infatti, se a livello astrologico può essere associato al pianeta Nettuno, ho spesso guardato a lui come simbolo di Mercurio, che può essere "Briccone" ma nello stesso tempo "Lapis", che può essere Prima ma anche Terza Materia, Materia e Spirito, a seconda di come l'individuo si servirà dell'energia a disposizione. Il limite tra materiale e Spirituale, espresso dalla sua cintura che marca il confine tra i due mondi, non è regolato dall'alto o da un destino crudele, ma nelle mani stesso dell'individuo, nel suo desiderio di evolvere e quindi crescere.

Scrive Mariangela Ceci in "Storia di un Matto che diventò Mondo": "Il Matto è generato dal Caos, scende al mondo spinto dalle viscere del proprio inconscio più animale, trascendendo le proprie radici, i legami col mondo e con gli affetti, gli istinti, la terra, il diritto di esistere e di avere, il demone della paura…oltre la sopravvivenza". [39]

Queste figure simboliche, archetipi dello Spirito che ci chiama dal futuro, "sapienti per pietà, puri e folli", così come è ricordato Parsifal nell'opera di Wagner, rappresentano l'anima santa di ognuno di noi a cui fare appello, a cui rivolgersi soprattutto nei momenti di difficoltà, quando non sia possibile servirsi dei soli mezzi empirici o razionali che la mente escogita a difesa dell'Io.

---

[39] M. Ceci, Storia di un Matto che diventò Mondo, Alter Ego, Viterbo 2017, pag. 20

Tutti loro "viaggiano" la vita, senza porsi limiti o necessità, perchè ormai liberi di esprimere ciò che hanno scoperto di se stessi, con l'aiuto di Dio e grazie alla luce della Coscienza, perché soltanto attraverso la spiritualità si possono comprendere e non giudicare i disegni della vita, onorarne il Sacro e rispettarne il mistero.

La Decapitatio.

"Salomè con la testa del Battista", G. Reni, 1638

Collabora sicuramente alla fase della *Separatio* anche quella della *Decapitatio*, il momento in cui gli archetipi del maschile, Sole e Luna subiscono una decapitazione per essere poi introdotti al ricongiungimento finale, dopo che sono stati affinati e spiritualizzati.

L' "Anima" Salomè, impura ed ancora da mondare, mostra la *Decapitatio* dell' "Animus", mettendo l'accento sulla necessità della divisione degli opposti.

"Il perdere la testa" che accompagna i transiti di Nettuno, se da una parte destabilizza molto l'Io proprio perché fino a quel momento aveva basato tutte le sue idee, le sue credenze e i suoi ideali su basi razionali che riteneva certe, dall'altra parte lo rende permeabile a nuove sollecitazioni, poroso tanto quanto basta per permettere alla coscienza di accogliere i richiami del Sé ed essere finalmente ciò che è, o come scrive Jung: "Non si può vivere di null'altro se non di ciò che si è". [40]

Ne "Le Nozze chimiche di Christian Rosenkreutz", un testo alchemico attribuito a J. V. Andrete, pubblicato nel 1616, il Re e la Regina, in qualità di conscio ed inconscio che devono riunirsi per permettere la manifestazione del Sé, subiscono una decapitazione. La testa, riconducibile alla mente conscia, con tutte le sue costruzioni spesso rigide e soggettive, viene quindi vista come elemento disturbante per accedere a tutta quella miriade di informazioni, suggestioni e reminiscenze che giacciono nell'inconscio, quando è solo nell'inconscio che può avvenire la prima *Coniunctio* tra l'Io ed il Sé.

Effettivamente, i transiti di Nettuno lavorano così: se c'è un Io troppo rigido perché spaventato delle emozioni indecifrabili che salgono alla coscienza, si attiva l'archetipo Nettuno, perché è l'individuo stesso che mette in atto questa possibilità di "curare" per primo la sua incapacità di lasciarsi andare, di rinunciare al controllo che la mente mette su tutto, di affidarsi ad un qualcosa che sia posto fuori di lui.

Ricordiamo infatti che i pianeti non determinano nulla, semplicemente riflettono con che tipo di energia, l'individuo ha bisogno di entrare in contatto per affinare la sua evoluzione, che è sempre un'evoluzione spirituale.

Scrive Jung in "Ricordi": "Fare esperienza della disfatta è anche fare esperienza della vittoria. Nulla è turbato – sia dentro che fuori – perché la propria continuità ha resistito alla corrente della vita e del tempo. Ma ciò può avvenire solo quando si rinuncia a intromettersi con aria inquisitiva nell'opera del destino". [41]

---

[40] C. G. Jung, Mysterium coniunctionis, Opere Vol. XIV, Boringhieri, Torino 1989-90, pag. 220

A questo punto del processo di purificazione, l'Io deve accettare la *Separatio*, che lo riporta a Saturno, il principio di "necessità": il taglio dei rami secchi e la separazione che l'astrologia riconduce ai transiti di Saturno è il presupposto per il rifiorire della personalità; la falce di Saturno che inquieta e fa paura diventa lo strumento necessario per fare pulizia: taglia ciò che non è più ritenuto indispensabile e vitale per l'Io e propone una nuova ma anche più vera scala di valori.

Così come nel processo alchemico della *Separatio*, le varie sostanze dovevano essere innanzitutto separate le une dalle altre, analizzate e puntualizzate nella loro struttura e specificità, allo stesso modo, nella *Separatio* psicologica, l'Io si può purificare dei desideri e degli impulsi non rigenerati che salgono dall'inconscio, dopo averli visualizzati. E' importante che lui li visualizzi, così come è altrettanto importante che se ne distacchi, evitando l'identificazione con essi.

Scrive Jeffrey Raff in "Jung e l'immaginario alchemico": "L'immagine della separazione indica che l'Ego in qualche modo deve rimanere separato dall'inconscio; non avrebbe né la libertà né la capacità di lavorare con quei contenuti. Al fine di poter compiere il lavoro di *Immaginazione attiva*, l'Ego deve essere staccato dalle immagini dell'inconscio quanto basta per non rimanere sopraffatto". [42].

Plutone, principio di separazione.

In astrologia, il processo di separazione è collegato allo Scorpione, al pianeta Plutone e all'ottavo settore dell'oroscopo.

---

[41] C.G. Jung, Ricordi, sogni, riflessioni, BUR Saggi, Milano 2016, pag. 362

[42] J. Raff, Jung e l'immaginario alchemico, edizioni mediterranee, Roma, 2008, pag. 195

E' qui che l'Io eroico solare deve subire una trasformazione, una spoliazione di tutti quegli attaccamenti e sentimenti nocivi, nonché illusioni e false sicurezze che ha creato dalla fase infantile per permettere alla coscienza di elevarsi allo stadio superiore che lei stessa ricerca.

L'ottavo settore dell'Oroscopo è equivalente al concetto di "impermanenza" buddista, in cui si è ormai riusciti a lasciar andare ciò che non è più utile alla propria individuazione, ma costituisce solo una zavorra al compimento di ciò che si rivela importante per sé, per il proprio progetto esistenziale, quello che - presente già alla nascita - deve essere realizzato perché l'intera personalità si compia.

La carta astrale infatti non ci dice "come siamo fatti", ma "ciò che dobbiamo diventare".

L'opera di Plutone, pianeta dell'anima, è indispensabile perché si possa creare uno spazio nuovo e mai sperimentato all'interno della psiche da una mente troppo attenta a conservare e trattenere convinzioni, sensazioni, ricordi ed emozioni, che rassicurano molto l'Io ma non aggiungono più nulla al desiderio di crescita dell'anima, bensì sottraggono potenzialità ed energia. I cambi di pelle a cui si assiste durante le crisi plutoniane non sono altro che la volontà imprescindibile della psiche di avviare una trasformazione, una metamorfosi perché dalla vecchia forma, non solo superata ma addirittura nociva, si possa giungere ad una forma nuova, l'unica che potrà garantire un'identità vera.

Si tratta quindi di una sfida che l'individuo lancia a se stesso per riappropriarsi di quel controllo sui suoi bisogni e sulle sue emozioni che aveva perduto per compiacere le richieste del collettivo.

Scrive Deva Green in "Plutone e l'evoluzione dell'anima": "Il sistema di convinzioni deve permettere una metamorfosi dell'immagine che l'essere ha di se stesso. Tutte le insicurezze e le dipendenze dall'ambiente esterno, finalizzate ad ottenere attenzione e sicurezza in relazione al sistema di convinzioni saranno eliminate quando si interiorizzerà la sicurezza emotiva.". [43]

Atalanta fugiens, emblema VIII
"Il taglio dell'uovo filosofico"

La Coagulatio.

"E il Verbo si è fatto carne
ed ha abitato per un tempo fra noi"
Giovanni 1:14

La fase della *Coagulatio* chiude l'opera saturnina: dopo lo scioglimento e la separazione, resta la forma nuova che ha tutte le caratteristiche della Terra capricornica del Saturno maturo, "la terra nera" degli alchimisti che è "terra fertile", così come amavano definirla: è solida, stabile, permanente, costante, lineare nei confini, non volatilizza e non prende la forma del contenitore

---

[43] D. Green, Plutone e l'evoluzione dell'anima, edizioni mediterranee, Roma, 2009, pag. 231

adattandovisi, è lei stessa contenitore e contenuto, è lei stessa "forma", è Saturno che si compie, è la Pietra che si è fatta "filosofale".

Ciò che è stato coagulato è il volatile ed elusivo Mercurio nella fase "Gemelli", Segno d'Aria. Quando si sottopone il Mercurio a *Coagulatio*, si permette all'Io di incontrarsi con il Sé. Fondamentale questo passaggio che individua l'astrologia alchemica: è soltanto dall'incontro tra Mercurio e Saturno, tra il puer ed il senex, tra l'Aria e la Terra, che si può passare da una fase di immaturità ed incompletezza alla fase di maturità, dall'incoscienza alla coscienza della propria Totalità. "Concetti ed astrazioni non coagulano, fanno Aria e non Terra", scrive Edinger nell'opera citata e - non a caso - Mercurio, pianeta d'Aria dell'intelligenza, dell'astrazione e del ragionamento, leggero e volubile nella fase Gemelli, si fa concreto e stabile nella fase Vergine, dove bisogna scendere in profondità, analizzando puntualmente e senza sconti ciò che deve essere riconosciuto per arrivare alla verità.

Tra i fondamentali promotori della *Coagulatio* troviamo il piombo, altro simbolo altamente saturnino; era grazie al piombo che l'amalgama poteva farsi perfetta.

Il piombo è grigio, ma nel senso positivo della parola: è il nero che si è fuso col bianco, riunendo gli opposti; il piombo è pesante, come a dire che il principio di realtà a cui rimanda Saturno, il bisogno di verità esterna che deve coincidere con quella interna perché il cuore trovi pace, ma soprattutto la presa in carico della responsabilità delle proprie azioni, pensieri, intenzioni che si è fatta primaria rispetto alle proprie fantasie, interpretazioni, illusioni e delusioni, è certamente qualcosa di pesante, di gravoso da affrontare, ma altrettanto necessario per fermarsi a fare il punto della situazione.

Il piombo è l'àncora che scende a cercare una base solida e sicura, è il filo a piombo che non fallisce, che non sbaglia direzione perché individua l'unica rotta che conduce alla meta dove l'anima stessa vuole arrivare; fermarsi, riflettere e riordinare la propria vita; accogliendo o eliminando ciò che è importante per la propria felicità, permette anche all'individuo di accogliere e rispettare ciò che si è nella sacra Totalità e contemporaneamente cercare di correggersi spalancando così la porta alla propria emancipazione, alla propria libertà.

L'integrazione dell'Ombra passa quindi attraverso un atto di riconoscimento di ciò che va modificato, rifiutando la "Negazione" psicologica, ma anzi riconoscendo che è proprio partendo da ciò che giace nell'Ombra, affetti, sentimenti e desideri malsani, che si può approdare ad uno stadio superiore dell'essere.

Scrive Edward F. Edinger nel citato "Anatomia della Psiche": "Lo sviluppo dell'Io è associato con l'esperienza del male, la criminalità, il peccato. Quindi, l'essere consci della propria cattiveria – cioè essere consapevoli della propria Ombra – coagula. Questo può essere visto come il significato psicologico dell'affermazione di Cristo: "Ma io vi dico non contrastate il malvagio" (Matteo, 5:39)". [44]

In tutto questo processo, Saturno alchemico chiede di non avere fretta, chiede di fermarsi; il tempo saturnino è il tempo della pazienza, è il tempo dell'attesa ed anche dell'isolamento che non equivale a solitudine, ma anzi: è il tempo in cui, se ci si isola e ci s'interroga, se ci isola e si medita, Saturno risponde.

Il termine "Meditazione" deriva dal termine latino *meditatio*, che indica l'azione stessa di meditare, riflettere, pensare. La radice del termine è collegata a *medius*, che è in mezzo, al centro, centrale, a cui s'aggiunge *fidius* che deriva dall'espressione *"me Dius fidius"*, messa in analogia a qualcosa che, proprio perché legato al Divino, si fa certo, infallibile.

Si tratta quindi di un'azione che si fa giusta proprio perché è stata ben ponderata, è stata meditata. In tal modo "meditare" non significa "non fare niente", ma "agire centrato", o agire in piena coscienza, così come propone il *Wuwei* taoista, che si può tradurre come "non-intervento" o "non-ingerenza", è l' "agire cercando di non intervenire.

---

[44] E. F. Edinger, Anatomia della Psiche, Vivarium, Milano 2008, pag. 176

Melancholia.

Lo sapevano bene gli alchimisti, che portavano avanti il loro lavoro con cura, disciplina, scrupolo e timor di Dio, tutti attributi propri del Saturno compiuto.

La loro musa era "Melancholia", simbolo basilare nell'immaginario alchemico, metafora dello struggimento interno che invade l'uomo in ricerca, che non è mai ripiegamento narcisistico su di sé, sui propri potenziali, non è autocommiserazione e contemplazione delle ferite, ma semplice necessità di indagare e scendere nel dettaglio delle cose, di chiedersi "il perché" succedano, capirne il significato.

Melancholia

L'incisione di Albrecth Dürer, *Melancholia*, tenuta presente da ogni alchimista nella prima fase del lavoro, perché riassuntiva dei simboli che avrebbe incontrato lungo il viaggio di ricerca fino al compimento finale, può essere utile per illustrare questa necessità introspettiva collegata soprattutto ai transiti di Saturno. Non a caso, per S. Agostino, la melancholia, o nausea, o depressione, veniva considerata l'anticamera della conoscenza, dell'epifania di Dio.

La Musa, una figura alata in atteggiamento assorto, ritratta scura in volto così come "nera" era la prima fase dell'Opera, nell'atto di tracciare delle linee col compasso sul grande libro appoggiato sulle ginocchia, è contornata da simboli prettamente saturnini: guardando l'incisione, per terra sulla destra, c'è una borsa vuota mentre dalla cintura della donna pendono 4 chiavi; al centro sono sparpagliati attrezzi di lavoro e una sfera, mentre nella parte superiore sono incisi, sulla fornace alchemica, il quadrato magico, una campanella, una clessidra e una bilancia; appoggiata al muro della fornace c'è una scala.

Il primo gruppo di simboli rimanda sia a Saturno Guardiano della soglia, la porta dell'inconscio di cui vengono fornite le chiavi, sia a Saturno Crono, lo spazio-tempo tracciato col compasso e scandito dalla clessidra e dal suono della campanella; infine, troviamo i simboli di Saturno in qualità di "pianeta del Karma", che detta il tema e i limiti dell'intero percorso, le tappe d'inizio e fine in cui si può riempire la sacca dei tesori, inizialmente vuota, ma pronta per essere colmata dopo che si siano posti sulla bilancia e pesati i veri valori, quelli personali, quelli riconosciuti come propri e non più condizionati dalla mentalità collettiva, né dalle proprie aspettative, illusioni o delusioni: solo in questo caso la bilancia è in equilibrio.

Il numero 4, simbolo della completezza per Jung, era il numero primario dell'Opera alchemica, la costante di questa incisione. Quattro sono le chiavi che pendono dalla cintura della donna, quattro i chiodi sparsi per terra e quattro i pioli visibili della scala, simbolo altamente saturnino nel suo significato di ascesa verso lo Spirito, quando si sia ormai attraversato con coraggio il territorio dell'Ombra.

Infatti, i 3 pioli nascosti e quindi immersi in un territorio oscuro, sommati ai 4 visibili, ci portano al 7, l'altro numero presente nell'incisione, ribadito dal quadrato magico, il quadrato di Giove, il cui risultato è 34. Il 7, numero saturnino per eccellenza è anche il numero delle trasmutazioni alchemiche, così come 7 sono i metalli alchemici e 7 i pianeti che concorrono all'*Opus*.

Sul pavimento sparpagliati e alla rinfusa, si distinguono vari arnesi: un lungo coltello, una pialla, una tenaglia, i chiodi, più in alto un martello, tutti simboli che riportano a Saturno; è il Saturno della fatica che premia, del lavoro duro, sia materiale che psicologico che va portato avanti per onorare il "pianeta del fare", ma sono anche simboli di *Separatio*, in cui bisogna rinunciare a tutto ciò che non è essenziale alla propria evoluzione spirituale e lasciarlo andare.

Sul lato sinistro, la sfera simboleggia come - dal caos e dall'indifferenziazione, espressi anche dal cane urobico, acciambellato e dalla ruota di macina che rimanda al tempo circolare -, attraverso Saturno si possa arrivare all'Uno, alla quadratura del cerchio.

E' solo tornando indietro a Saturno che possiamo riappropriarci delle fondamenta della nostra struttura; infatti, la pietra che appare sotto forma di un parallelepipedo imperfetto, (c'è un martello a fianco che prevede altro lavoro da fare), segna il passaggio ad una nuova fase saturnina, una fase superiore perché spirituale, ricca di simboli quanto la prima.

Accanto alla pietra c'è un fanciullino, il Bambino Divino che è in ognuno di noi, la nostra parte più bella proprio perché spontanea ed innocente, quella più vera; è il "Mercurius senex" degli alchimisti, perché proprio dalla giusta integrazione tra i due archetipi, tra la gioiosità dell'essere aperti e fiduciosi come un bambino e contemporaneamente ricchi di saggezza ed umanità che si può recuperare un vero stadio d'innocenza ed iniziare a scrivere un libro nuovo, come quello che ha davanti a sé il fanciullo, simbolo delle nuove possibilità che si rendono disponibili nel percorso evolutivo, una volta che si sia fatta luce sulla propria interezza.

E' questo il significato dell'albero che nasce dall'acqua e quello degli altri simboli che troviamo nella parte superiore dell'incisione: un drago volante che sorregge la scritta "Melancoliah", simbolo della Prima Materia trasformata proprio perché il drago/bestia iniziale si è trasformato in una creatura alata, un astro luminoso che s'irradia dal suo focus, il "Sole nero" così come veniva definito Saturno dagli alchimisti e un arcobaleno che segna il passaggio dalla *Nigredo* all'*Albedo*, l'uscita dalla prova saturnina verso l'abbraccio di Giove, dove la materia può trasformarsi in Spirito, il fine ultimo di tutto l'*Opus*. E' per questo che Saturno può essere considerato ancor più spirituale di Nettuno, perché se si è accettato l'incontro con l'Ombra, lui – grazie al principio di realtà che simboleggia – può indicarci le vie dello Spirito, la parte più nobile della nostra natura, che abbiamo ottenuto attraverso lo sforzo di miglioramento che non abbiamo avuto timore di fare di quella inferiore.

Scrive E. C. Whitmont nel suo "Omeopatia e psicanalisi. La medicina omeopatica alla luce della psicologia junghiana": "Il padroneggiare le lacrime e il dolore, la fatica, la pena, le emozioni, plasma la personalità umana. La capacità di trovare l'unicità e l'individualità dentro di sé è la condizione necessaria per liberarsi dalle forze materne che ci hanno sostenuto nel mare della vita inconscia dell'anima. Si deve attraversare l'esperienza della solitudine e dell'isolamento come uno stadio della ricerca di se stessi".[45]

Il Sale. Alì Pulì.

"Voi siete il sale della terra"
Matteo, 5,13-16

L'ultimo significato di Saturno è quello che vuole il *Lapis* nascere dal sale.

---

[45] E. C. Whitmont, Omeopatia e psicanalisi. La medicina omeopatica alla luce della psicologia junghiana, Como,Red, 1992, pag. 1992, pag. 114

"Il lapis nasce dal sale", è l'affermazione che ritroviamo in maniera costante nel trattato "Il centro della Natura concentrato", attribuito al mistico ed alchimista Ali Puli e pubblicato nel 1682. [46]

Secondo l'autore, il sale è il generatore della possibilità che gli opposti si possano ricomporre in un centro onnicomprensivo, il Sé che, proprio grazie al sale, da *latente* può farsi *manifesto*.

Ali Puli vede quindi nell'uomo stesso, come depositario del Sé, l'artefice della riunione col Principio divino che, a sua volta, senza l'intervento dell'uomo non potrebbe manifestarsi.

Quest'affermazione trova riscontro proprio negli attributi che l'astrologia umanistica assegna a Saturno, giustamente definito *Sal sapientiae*, perché la Sapienza non può che derivare dalla presa d'atto della realtà, una presa d'atto che può portare amarezza, perché ci costringe ad alcune rinunce e sacrifici, ma nello stesso tempo premia con la saggezza, con una ritrovata e fortificata umanità.

E' questo il momento in cui siamo noi ad imporci al Grande Vecchio, siamo noi a dettare le regole, a decidere del nostro destino.

Leggiamo Jung sul sale in un passo del "Mysterium" :"Le proprietà del sale che risaltano maggiormente sono il sapore amaro e la sapienza. [...] Dal punto di vista psicologico, l'elemento comune ai due è, per quanto le due idee appaiono incommensurabili, la funzione del "sentimento". Lacrime, sofferenze e delusioni sono amare, ma in ogni dolore fisico la saggezza funge da consolatrice; anzi, amarezza e saggezza costituiscono un'alternativa. Dove c'è amarezza manca saggezza; dove c'è saggezza non esiste amarezza".[47]

---

[46] F. Picchi, Le epistole di Ali Puli, Edizioni Mediterranee, Roma 2003
[47] C. G. Jung, Mysterium coniunctionis, Opere XIV, Boringhieri, Torino, 1989, pag. 183

Ed ancor più lirica ed appropriata la citazione da "Sabbia e spuma" di Kahlil Gibran: "Deve esserci qualcosa di stranamente sacro nel sale, lo ritroviamo nelle nostre lacrime, nel mare". [48]

Saturno/pietra, piombo e sale ci spinge ad onorare la natura umana, il "tesoro" arcano racchiuso nell'uomo, il presupposto per la sua redenzione, per la sua immortalità; è lui la guida che non dobbiamo temere, perché capace di indicarci l'unica via possibile per riappropriarci della nostra scintilla divina, della nostra interezza, della nostra Verità.

---

[48] K. Gibran, Sabbia e spuma, traduzione di Tommaso Pisanti, Newton Compton

Bibliografia di Saturno e Nettuno alchemici

C.G. Jung, Ricordi, sogni, riflessioni, BUR Saggi, Milano 2016

C. G. Jung, Mysterium coniunctionis, Opere Vol. XIV, Boringhieri, Torino 1989-90

E. C. Whitmont, Omeopatia e psicanalisi. La medicina omeopatica alla luce della psicologia junghiana, Red, Como 1992

M. Eliade, Trattato di storia delle religioni, Boringhieri, Torino 1964

M. Ceci, Storia di un Matto che diventò Mondo, Alter Ego, Viterbo 2017

J. Raff, Jung e l'immaginario alchemico, Edizioni Mediterranee, 2008

E. F. Edinger, Anatomia della Psiche, Simbolismo alchemico nella psicoterapia, Vivarium, Milano 2008

E. C. Whitmont, Omeopatia e psicanalisi. La medicina omeopatica alla luce della psicologia junghiana, Red, Como 1992

F. Picchi, Le epistole di Ali Puli, Edizioni Mediterranee, Roma 2003

Sole e Luna Alchemici

"Due stelle sono state accordate all'uomo dagli dei
per condurlo verso la grande saggezza;
osservale, o uomo! E segui con costanza il loro chiarore,
poiché in esse si trova la saggezza"
Basilio Valentino, *Le dodici chiavi della Filosofia.*

Re e Regina alchemici

La ricomposizione della parte maschile con quella femminile della psiche, nonché il valore e l'importanza primaria che gli Alchimisti davano ai due archetipi Sole/Oro e Luna/Argento nella creazione della Pietra

Filosofale, possono trovare un riscontro nella fiaba dei Fratelli Grimm: Rapunzel, Raperonzolo, metafora della necessità della spinta individuale a riunire dentro di sé le parti fondanti del proprio Sé perché si compia l'individuazione.

L'Animus e L'Anima.

Tra gli archetipi fondanti presenti nell'inconscio collettivo, troviamo il "Maschile" e il "Femminile", che ospitano a loro volta altri archetipi con caratteristiche più specifiche: il "Maschile" contiene per esempio l'archetipo del "Padre" ed il "Femminile" quello della "Grande Madre", così come basilari sono i due archetipi di "Animus" ed "Anima", nonché di "Luce" ed "Ombra".

L' "Animus" è un archetipo attivo che esprime la parte maschile della psiche, quella che ragiona, propone, agisce e lotta per conquistare ciò che vuole, (in astrologia è rappresentato dal Sole e dai pianeti così detti maschili), così come l'"Anima" è un archetipo ricettivo e percettivo, è la parte femminile della psiche, quella che vuole dipendere e creare legami affettivi, che vuole emozionarsi e relazionare (in astrologia è rappresentata dalla Luna e dai pianeti così detti femminili).

Ai due archetipi Jung dava una valenza compensatrice. Riteneva infatti che le caratteristiche non assimilate ai tratti esteriori della personalità, femminili nell'uomo e maschili nella donna, spingessero la psiche individuale a trovare una compensazione attraverso queste due opposte funzioni che avevano così lo scopo di migliorare l'adattamento dell'individuo alla realtà esterna, ai suoi ideali coscienti e alle sue aspirazioni.

In particolar modo, l'Animus è la componente inconscia maschile della personalità della donna, un'immagine portatrice di luci ed ombre, che lei imparerà a conoscere di volta in volta a seconda degli incontri che farà nella vita e che le rifletteranno una particolare dose d'energia maschile che ancora non conosce di sé e con cui vorrà entrare in contatto.

Allo stesso modo, l'Anima è la componente inconscia femminile della personalità dell'uomo, anch'essa portatrice di luci ed ombre; lui la incontrerà all'esterno nelle figure femminili della sua vita, fin quando non imparerà a viverla in prima persona, accettandola anche nelle sfumature più negative ed inquietanti. Per questo motivo i due archetipi sono anche esemplificativi del modello ideale di uomo e di donna, forgiati nell'infanzia sulle luci e le ombre paterne e materne, a cui l'uomo e la donna tenderanno e da cui saranno naturalmente attratti per esprimere e scambiare amore, ma anche per illuminare una parte della loro natura che è rimasta inconscia.

L'ulteriore valenza che Jung assegnava ai due archetipi era il collegamento tra l'Animus e il principio maschile di *Logos*, messo in relazione alla capacità che c'è nell'individuo di risolvere ogni situazione attraverso il ragionamento e la parola e tra l'Anima e il principio femminile di *Eros*, ovvero la capacità di relazionare, di entrare in empatia e riconoscere il valore dei sentimenti, ma anche di saper cogliere il senso profondo e ciclico della vita.

Si tratta quindi di due archetipi basilari nella struttura della psiche; in particolare l'Anima veniva definita da Jung "l'archetipo della vita", perché è dall'Anima, strettamente collegata all'inconscio che dipende direttamente la possibilità di dare senso a tutto ciò che la ragione/*Logos* sceglie e di trovarvi la successiva soddisfazione. La funzione primaria dell'Anima, legata alla coscienza matriarcale, è di permettere il contatto con l'inconscio che resterebbe inaccessibile all'Io se si dovesse servire solo della coscienza razionale, che è prettamente patriarcale.

Scrive a tal proposito il filosofo berlinese Erich Neumann nel suo "La psicologia del femminile": "Il contatto con l'inconscio si può ristabilire attraverso l'Anima, suo lato femminile e attraverso la realizzazione della coscienza matriarcale ad essa congiunta. [...] La sintesi di una nuova conoscenza illuminata, frutto dell'unione tra maschile/Anima e femminile/Animus è simbolo di completamento e fecondazione reciproca ben rappresentati nella scrittura cinese con il segno Ming, ovvero fusione di sole e luna".[49]

---

[49] E. Neumann, La psicologia del femminile, Astrolabio Ubaldini, Roma 1976, pag. 76

L'Anima junghiana quindi, non ha alcuna valenza collegata ai dogmi o alle confessioni religiose; l'Anima junghiana, il femminile transpersonale, è energia allo stato puro, non inquinata da alcun condizionamento esterno perché espressiva di quanto di più vivo, autentico e spontaneo c'è nella psiche.

E' grazie all'Anima che possiamo entrare in contatto con la nostra ispirazione creativa, le nostre profondità emotive, le passioni intense e partecipare del flusso delle emozioni e delle percezioni, aprendo la porta ad un mondo immaginativo più sensibile ma proprio per questo più aderente alla totalità della realtà.

Sebbene Jung abbia sempre considerato l'Anima come requisito specifico dell'inconscio dell'uomo, si può comprendere come l'archetipo, se pur strettamente femminile, sia vivo e presente anche nella donna, già naturalmente portata ad incarnare le funzioni dell'Anima perché in contatto stretto col principio di *Eros*.

E' per questo che "il problema dell'Anima individuale" è stato poi ripreso, ripensato e messo a fuoco dai filosofi neojunghiani come Murray Stein e ancor più James Hillman; è a loro che si deve la precisazione per cui l'Anima è presente tanto nell'uomo che nella donna e di come proprio alla donna sia affidato il compito di custodire e mantenere sacro il suo valore, facendo da "ponte" all'uomo perché egli impari a dialogare con la propria parte emotiva, impari a conoscerla e non delegarla alle figure femminili della sua vita. E' l'Anima che spinge l'uomo verso la conoscenza della sua Totalità, è l'Anima che gli infonde coraggio, così come nei miti e nelle fiabe è l'Anima/Principessa che si aspetta il tutto e per tutto dall'eroe che la deve liberare: s'aspetta che sia intelligente, coraggioso, capace di vincere sulle forze più oscure, di battersi con il magico e l'invincibile, perché la ricompensa sarà quella parte di sé che non conosce, la parte femminile, la culla della sua sensibilità.

Di contro, la donna non può sottrarsi dal conoscere, coltivare e difendere le qualità della sua Anima, radice del suo stesso "essere donna", così come dal servirsi delle qualità maschili del suo Animus, lo Spirito/*Logos* che è dentro di lei e che non può essere espresso con le modalità del mondo maschile. All'azione ragionata, all'intelligenza e alla parola, la donna dovrà aggiungere il buon senso che è specifica peculiarità del suo essere donna, della saggezza interiore che le ha donato la vita.

Interessandomi di astrologia, ho trovato nell'intuizione di Hillman, le radici stesse dell'astrologia umanistica: così come il Sole astrologico simboleggia il riassunto delle qualità prettamente maschili dell'Animus, collegate al *Logos* ed alla razionalità, altrettanto la Luna simboleggia il riassunto delle qualità squisitamente femminili, quelle che fanno capo all'Anima e al suo valore di *Eros*; tanto quanto il Sole ragiona, agisce, conquista, altrettanto la Luna sente, si emoziona, partecipa.

Dalla giusta integrazione di questi archetipi contrapposti ma necessari l'uno all'altro, maschile/femminile, Animus/Anima, Sole/Luna e tutte le altre coppie di opposti che scindono la psiche, dipende la possibilità di condurre in pienezza la propria esistenza, attuando le scelte giuste per la propria evoluzione e scambiando in maniera paritaria e sana non solo con l'altro, ma soprattutto con la propria interiorità.

Raperonzolo.

La fiaba "Raperonzolo" dei Fratelli Grimm può ben rappresentare questa ricerca d'integrazione, della volontà che le parti opposte ma complementari della psiche, in particolar modo il maschile ed il femminile, possano riunirsi e trovare una conciliazione.

Questa la fiaba nella versione più famosa:

"C'erano una volta un uomo e una donna che già da molto tempo desideravano invano un figlio, quando finalmente la donna scoprì di essere in attesa. Sul dietro della loro casa c'era una finestrina, da cui si poteva guardare in un bellissimo giardino, pieno di splendidi fiori, circondato però da un alto muro, nessuno osava entrarvi, perché apparteneva ad una strega potentissima e temuta da tutti: la signora Gothel. Un giorno la donna stava alla finestra e guardava il giardino oltre il muro, quando vide un'aiuola dov'erano coltivati i più bei raperonzoli che avesse mai visto; le apparivano così freschi e verdi che le fecero gola e le venne una gran voglia di mangiarne uno. La voglia cresceva ogni giorno e la donna, sapendo che non poteva averne, quasi si consumò dal desiderio ed assunse un aspetto pallido e deperito".

Dal punto di vista archetipico e simbolico, le figure femminili e maschili delle fiabe sono le parti Anima ed Animus della psiche che aspirano a riunirsi, sia quelle preposte alla funzione *Eros*, che dovrebbe spingere la mente verso l'accoglienza e l'accettazione dell'altro che quelle collegate alla funzione *Logos*, che spingono verso la linearità e la coerenza del pensiero.

La madre di Raperonzolo, archetipo ed espressione dell'Anima/*Eros* non ancora trasformati, nutre dentro sé un desiderio/ossessione che, proprio perché difficile da realizzare, si fa avidità; un punto focale d'energia potentissima che inonda la psiche e taglia fuori qualsiasi altro interesse, a tal punto da fare della donna una "rapita", totalmente presa da quest'ossessione ed incapace di darsi un limite.

La presenza del muro che separa due distinte realtà simboleggia la separazione che esiste tra il mondo cosciente dell'Io ed il mondo dell'inconscio collettivo, in cui si originano le immagini arcaiche e le emozioni primordiali innate, contrarie ed indifferenziate, che salgono alla coscienza individuale per costringere la mente a trovare il giusto equilibrio tra loro, senza che l'una abbia il sopravvento sull'altra e la metta a tacere.

"Il marito che l'amava molto si allarmò ed interrogata la moglie su cosa l'angustiasse, venne a sapere del suo desiderio di raperonzoli, della sua brama per mangiarne uno: "Ah, se non riesco a mangiare di quei raperonzoli che sono nel giardino dietro casa, ne morirò". Fu così che il marito al crepuscolo scavalcò il muro, entrò nel giardino della strega, colse in tutta fretta una manciata di raperonzoli e li portò alla moglie, che ne mangiò avidamente. Ma non se ne saziò: il giorno dopo la sua voglia era triplicata e l'uomo dovette andare un'altra volta nel giardino. Scavalcò di nuovo il muro, ma quando mise piede a terra si spaventò terribilmente perché gli si parò davanti la strega, la signora Gothel, che s'indignò per il furto subito".

Il padre di Raperonzolo è quindi il simbolo della parte Animus che collude con l'irrazionalità di quella Anima a causa di un principio di *Eros* che si è fatto malsano; le distorsioni dell'*Eros* hanno sempre delle basi infantili molto dolorose, delle ferite aperte che stentano a guarire e che continuano ad impedire che l'individuo bilanci ed integri gli opposti dentro di sé, quando la riconciliazione del maschile e del femminile interni potrebbe essere la giusta e coraggiosa risposta all'interruzione del dominio che Animus ed Anima hanno sulla persona, perché ne condizionano le scelte e di conseguenza la qualità della vita anche nell'età matura.

"La strega s'infuriò molto con l'uomo perché aveva osato oltrepassare il muro e rubare i suoi raperonzoli e fu a quel punto che lui le rivelò la malattia della moglie ed il rischio che lei ne potesse morire. La strega allora gli permise di portar via tutti i raperonzoli che voleva ma ad una condizione: avrebbero dovuto consegnarle il bambino, una volta che fosse nato; lei gli avrebbe fatto da madre, l'avrebbe cresciuto e trattato molto bene. Impaurito, l'uomo accettò e quando la moglie partorì, apparve subito la strega, chiamò la bimba Raperonzolo e se la portò via. Raperonzolo diventò la più bella bambina del mondo, ma non appena compì dodici anni, la strega la rinchiuse in una torre altissima che non aveva né scala né porta, ma solo una minuscola finestrella in alto. Da lì, Raperonzolo s'affacciava, quando la maga la chiamava e voleva entrare: "Raperonzolo, Raperonzolo, metti fuori il tuo codinzolo." A quel punto, la fanciulla scendeva la sua treccia e la strega vi si arrampicava svelta, entrando nella torre".

Siamo qui di fronte ad un'altra figura archetipica molto frequente nelle fiabe, la maga o la strega, che incarna una duplicità in cui si mescolano gli opposti, così come li troviamo nell'archetipo della Grande Madre. Infatti, la maga/strega può essere una figura che nutre e protegge come la Madre Amorosa, parte luce della Grande Madre e allo stesso tempo può farsi divorante e castrante come la Madre Terribile, la sua parte ombra non ancora integrata.

La strega di Raperonzolo è ambivalente come tutti gli archetipi; infatti, si fa nutrice e nello stesso tempo carceriera della fanciulla, perché l'alleva con amore ed ogni cura come se fosse sua figlia, ma poi la confina nella torre, bloccando ogni spinta all'indipendenza, ma anche al desiderio, all'azione e all'espressione di sé. Dal punto di vista psicologico, una parte della personalità rimane "murata", dipendente e inerte, incapace di fare esperienze personali e quindi di crescere grazie all'elaborazione dell'esperienza fatta.

La strega può essere quindi associata al bisogno di intorpidimento della parte femminile della psiche per difendersi dal dolore e dalla sofferenza che la rivelazione del mondo numinoso dell'inconscio potrebbe generare, ma è anche il simbolo della necessità individuale di andare oltre le proprie immagini archetipiche affrontandone l'Ombra e trasformando il lato distruttivo e caotico in materno e soccorrevole, perché è stato riconosciuto ed accettato nella sua parte inferiore.

"Dopo qualche anno, avvenne che il figlio del re, cavalcando per il bosco, passasse vicino alla torre. Udì un canto così soave che si fermò ad ascoltarlo: era Raperonzolo, che nella solitudine passava il tempo cantando. Subito il Principe cercò di salire ma non trovò una porta che gli permise di entrare, tornò a casa ma quel canto l'aveva profondamente commosso finché, un giorno, mentre se ne stava dietro un albero, vide avvicinarsi la strega e scoprì il suo sistema per entrare. Alla richiesta di far scendere i capelli infatti, Raperonzolo sciolse la treccia e la strega vi si arrampicò. "Se questa è la scala per cui si sale, tenterò anch'io la fortuna" pensò il Principe e tornato il giorno seguente, ripeté la formula magica che aveva sentito pronunciare dalla signora Gothel: "Raperonzolo, Raperonzolo, metti fuori il tuo codinzolo". Subito dall'alto si snodarono i capelli e il Principe salì".

La figura del Principe è certamente una rappresentazione dell'Animus positivo della psiche, quello che non esita a mettere in moto una serie di azioni coraggiose per permettere che coscienza e inconscio entrino in contatto e si possa avviare l'opera d'integrazione. A differenza del padre di Raperonzolo, che nel consegnare la figlia alla strega simboleggia la parte inferiore e negativa dell'Animus, che svende i suoi tesori per paura e mancanza di fiducia nella vita, il Principe ha una funzione superiore: rappresenta la particolare abilità della mente di destreggiarsi nel mondo dell'inconscio, non solo con coraggio e determinazione, ma anche con mezzi che si possono fare poco corretti quando siano troppo forti e radicati i meccanismi razionali di difesa che sbarrano la porta a quel mondo sconosciuto. Infatti, lui non rivela a Raperonzolo di aver visto la signora Gothel e di essere riuscito a salire grazie all'espediente da lei usato.

"Dapprima Raperonzolo ebbe una gran paura quand'egli entrò, perché non aveva mai visto un uomo; ma il Principe cominciò a parlarle con dolcezza e le narrò che il suo cuore era stato rapito dal suo canto al punto da non potersi più separare da lei. Si accordarono così di vedersi ogni sera, il Principe le avrebbe portato della seta con cui lei avrebbe creato una scala che le sarebbe servita per lasciare la torre e fuggire con lui. La maga non si accorse di nulla, fin quando Raperonzolo le chiese: "Ditemi, signora Gothel, come mai siete tanto più pesante da tirar su del giovane Principe? Lui sale in un attimo!", "Ah, bimba sciagurata! gridò la maga, pensavo di averti separata da tutto il mondo e invece tu mi hai ingannata!". Furibonda, afferrò i bei capelli di Raperonzolo, li avvolse due o tre volte intorno alla mano sinistra, afferrò con la destra un paio di forbici e li tagliò, ma la sua punizione non si limitò a questo perché con una magia fece ritrovare Raperonzolo in un deserto, dove la fanciulla dovette vagare per molto tempo tra mille stenti, fin quando diede alla luce due bellissimi gemelli, un maschio ed una femmina".

L'incontro tra la parte femminile Anima e quella maschile Animus è una necessità imprescindibile della psiche di ogni individuo ed assume un valore fondamentale nel percorso d'individuazione della donna, naturalmente spinta ad esprimere innanzitutto il principio di *Eros*, ma non dimentica della ricchezza ed importanza del suo *Logos*, del suo Spirito creativo.

Scrive Jean Shinoda Bolen in "Passaggio ad Avalon": "Se smarriamo e non sviluppiamo una connessione spirituale con le persone o perdiamo il contatto con i luoghi e le attività ristoratrici per lo spirito, scopriremo gradualmente che stiamo vivendo in una nostra personale landa desertica. Se non ci prendiamo cura delle necessità della nostra anima, se non affrontiamo la vita a cuore aperto, il paesaggio umido e lussureggiante della nostra psiche, si trasformerà in arido deserto". [50]

L'Animus nella donna.

Abbiamo visto come l'Animus nella donna abbia una componente collettiva che riassume l'esperienza del femminile col maschile espressa lungo il corso della storia ed una componente individuale che si è strutturata nell'Io nascente della donna attraverso la relazione con le figure maschili del suo habitat più ristretto, prima fra tutte il padre, oppure un fratello, o altre figure maschili che facevano parte del suo mondo di bambina.

E' così che il Padre, il Salvatore, il Guerriero, il Puer, l'Eroe, il Briccone e il Santo, nonché gli altri archetipi maschili dell'inconscio collettivo sono aspetti dell'Animus della donna, che lei è invitata dalla psiche a scoprire e dai quali sarà attratta attraverso gli uomini con cui relazionerà, per illuminare spicchi della sua natura inconscia che altrimenti resterebbero oscuri.

E, se in un primo momento ed almeno fino ai trent'anni la donna sarà portata a vivere l'Animus attraverso la proiezione delle sue caratteristiche solari ed attive sul padre e le figure maschili della sua vita, gradualmente e grazie alla naturale tendenza della psiche ad andare verso la completezza, riuscirà anche a distinguere quanto dell'Animus proiettato le appartiene, e cioè quanto vorrà confermare perché risponde a caratteristiche attive a cui non intende rinunciare e quanto dovrà modificare perché non in

---

[50] J. S. Bolen, Passaggio ad Avalon, EDIZIONI PIEMME, Casale Monferrato 1998, pag.186

linea con l'interezza della sua natura. Attraverso la caduta della proiezione di parti proprie sulle figure maschili esterne, la donna potrà conoscersi meglio e finalmente agire in libertà, senza dover rispondere ad un'immagine di sé incompleta che l'allontana dalla Verità.

Così come era successo a Raperonzolo alla vista del Principe, anche il primo momento di rivelazione dell'Animus agli occhi della donna che non si è ancora incontrata con la interezza del suo Animus è certamente una scoperta sconvolgente. Entrare in contatto con una parte di sé che la donna non è stata abituata ad usare o a riconoscere come propria genera sicuramente un moto di paura, un ritrarsi che si fa negazione e rimozione per anni, finché non si comprenderà di come sia fondamentale entrare in relazione con questa parte maschile del Sé.

Questo perché il momento della caduta di ciò che è stato proiettato sull'uomo, le aspettative inconsce e le pretese collegate a schemi ed interpretazioni mentali che affondano le loro radici in un tempo precocissimo, se da una parte segna un momento di grande delusione per la donna, una ferita per tutto ciò che è stato cullato per molto tempo nelle proprie idealizzazioni, dall'altra offre una svolta nel suo percorso d'individuazione, nella possibilità di conoscere fino in fondo sfumature della sua natura maschile che non avrebbero potuto rivelarsi se non dal contatto con l'uomo, che si sarebbero perdute o mai utilizzate e che l'avrebbero anche spinta a rimettere in scena modelli relazionali automatici e dolorosi, senza riuscire a spezzarne la catena.

Scrive il neojunghiano Murray Stein ne "Il principio d'individuazione": [...] Fintanto che l'identità con una certa Persona - sia essa figlia, madre, moglie - regge, l'imperativo dell'individuazione è dormiente. Soltanto quando si rompe e il "ruolo" è perduto, soltanto allora inizia davvero il viaggio d'individuazione. E una volta che lei ha compiuto tutto questo lavoro, è pronta per essere spiritualmente creativa. Ora può far nascere nuove immagini dello Spirito, nuovi modi di amare ed apprezzare l'anima, nuovi significati per la propria storia e per la Storia collettiva". [51]

E infatti, l'inconscio non è solo il deposito di tutti i desideri incompatibili e i ricordi dolorosi negati e rimossi, ma è anche lo scrigno dei potenziali non utilizzati e di tutte le qualità mai sfruttate che, una volta illuminati, possono rendersi disponibili per individuare nuovi canali espressivi capaci di contattare ed utilizzare l'energia creativa che vi è imprigionata e che potrà rendersi fruibile soltanto dopo lo sblocco. Ma proprio perché il primo momento d'incontro (la *Coniunctio Minor*) può non essere veritiero, potrà persistere una fusione di emozioni ed elementi diversi che andranno invece separati per essere compresi nella loro specificità.

Ciò è ben spiegato nella fiaba, in cui si evidenzia la necessità che ci sia una separazione tra il principio femminile simboleggiato da Raperonzolo e quello maschile simboleggiato dal Principe perché ancora non differenziati e quindi ancora caotici e difficilmente integrabili tra di loro.

Prendere consapevolezza degli opposti è un passaggio fondamentale nel processo d'individuazione perché può rivelare anche il modo per ridimensionare le aspettative inconsce che si pongono su di sé e quindi, di riflesso, sul rapporto con gli altri.

Jung parlava a questo proposito di "partecipation mistique" o "psiche collettiva", una condizione psicologica di totale identificazione tra oggetto e soggetto in cui gli opposti sono fusi, costringendo l'individuo ad identificarsi con uno dei due e a proiettare fuori di sé l'altro, che verrà avvertito come estraneo, diverso, nemico, perché lontanissimo da quello che è stato accettato e riconosciuto dalla coscienza.

La Coniunctio maior.

Abbiamo visto come il passaggio che l'Io deve fare per differenziare soggetto ed oggetto e tutti gli opposti psichici che lottano tra loro sia analogo ai due procedimenti basilari di *Solutio* e *Separatio*.

E' solo dopo questi procedimenti che. si potrà dare vita alla vera

---

[51] M. Stein, Il principio di individuazione, Moretti & Vitali, Bergamo 2010, pag. 74

Coniunctio, le nozze alchemiche tra Sole e Luna e cioè quello scambio tra conscio e inconscio, tra maschile e femminile, tra Animus ed Anima, tra Logos ed Eros, tra Spirito e materia, gli orientali parlerebbero di Yin e Yang, che può finalmente generare lo Spirito creativo, la "gravidanza" di due gemelli nel caso di Raperonzolo, ma anche di molte altre fiabe che ne tramandano il passaggio fondamentale.

Rosa Alba, Rosa Rubea

Le parole di Gesù "Sono venuto per dividere, non per unire" (Matteo, 10 :34-36), ma ancor più quelle riportate dal Vangelo gnostico di Tommaso "Gli uomini pensano forse che io sia venuto a portare la pace sulla terra, on sanno che sono venuto a portare il dissidio, fuoco, spada e guerra", potrebbero essere un buon esempio per spiegare la paradossale necessità della "separazione" per l'uomo che vuole diventare "UNO", "individuo", non diviso, che tende alla sua vera realizzazione.

Al Glossario dei "Ricordi", al termine "Individuazione", leggiamo Jung: "Individuazione significa diventare un essere singolo e, intendendo noi per individualità la nostra più intima, incomparabile e singolare peculiarità, significa diventare noi stessi, realizzare il proprio Sé".[52]

Torneo tra Sole e Luna, separazione degli opposti
Aurora Consurgens, XIV Sec.

Si tratta di processi automatici psicologici che non cercano il permesso della volontà cosciente per realizzarsi, così come ben illustrato nella fiaba dalla domanda/lapsus che Raperonzolo fa alla strega sul come mai lei fosse così tanto più pesante del Principe nella sua ascesa alla torre, che rivela essenzialmente il tendere automatico della psiche verso la completezza, anche a costo di spalancare una porta sull'ignoto e su conseguenze dolorose, così come sarà per Raperonzolo abbandonata gravida nel deserto tra mille stenti ed in balìa di un incerto futuro.

"Dopo aver scacciato Raperonzolo dalla torre, la strega aspettò che il Principe salisse per incontrarsi con l'amata e fu allora che gli si rivelò, mettendolo di fronte alla terribile notizie che mai più avrebbe rivisto Raperonzolo in vita. Fu a quel punto che il Principe, sconvolto dal dolore, si gettò dalla torre, ebbe salva la vita, ma le spine di rose fra cui cadde gli trafissero gli occhi. Per molto tempo andò errando cieco per boschi e foreste, piangendo e lamentandosi per perdita dell'amata. In questo

---

[52] C.G. Jung, Ricordi, sogni, riflessioni, BUR Saggi, Milano 2016, pag.489

girovagare, capitò nel deserto in cui Raperonzolo viveva fra gli stenti, coi due gemelli che aveva partorito, un maschio e una femmina. Il giovane udì una voce che cantava e gli sembrò ben nota: si lasciò guidare da essa e quando si avvicinò riconobbe Raperonzolo che pianse di gioia nel vederlo di nuovo al suo fianco; fu allora che due delle sue lacrime inumidirono gli occhi del Principe, che riacquistò la vista e portò Raperonzolo nel suo regno facendola Regina, dove vissero ancora a lungo felici e contenti".

I passaggi finali della fiaba introducono elementi di notevole interesse dal punto di vista esoterico e psicologico. Innanzitutto, il riconoscimento che il maschile ed il femminile interni non cessano mai di cercarsi, a tal punto da sopportare sfide incredibili pur di ricongiungersi e dare vita ad "una cosa sola"; infatti, l'esperienza desertica di Raperonzolo è il simbolo della necessità da parte della psiche di attraversare un territorio di privazione di tutto ciò che non risulta essere essenziale al ricongiungimento, tra rinunce e stenti, ma anche nell'intima consapevolezza di portare in sé il germe di una nuova vita.

Scrive Jung in "The vision seminars": "Quando indulgi nella bramosia, sia che il tuo desiderio sia rivolto verso i Cieli o verso gli Inferi, dai all'Animus e all'Anima un oggetto; ma se puoi dire "Sì lo desidero e cercherò di averlo, ma se decido di rinunciarvi, posso rinunciare" allora per Animus e Anima non c'è possibilità. Se non è così, sei governato dai tuoi desideri, sei posseduto. Ma se hai messo Animus ed Anima in una bottiglia, anche se puoi stare male dentro, perché se il tuo demone sta male anche tu stai male, dopo un po' capirai che era giusto imbottigliarlo. Diverrai lentamente tranquillo e ti accorgerai che c'è una pietra che cresce nella bottiglia e quando l'autocontrollo e la non indulgenza saranno un'abitudine, la pietra sarà diventata un diamante".[53]

---

[53] E. F. Edinger, Anatomia della Psiche, Vivarium, Milano 2008, cit. Jung, The visions Seminars, 1:239

La "resistenza" che coltivano sia la fanciulla che il Principe nel cercarsi e non abbandonare la speranza non è collegabile all'ostinazione del desiderio verso un qualcosa d'impossibile, così come aveva rivelato l'atteggiamento della madre di Raperonzolo, ma alla perseveranza che è simile alla durezza del diamante, alla consapevolezza e alla lungimiranza che solo il riunirsi del maschile e femminile interni può dare vita all'unità, all'integrità e alla guarigione necessari alla psiche.

Il pianto del Principe che è divenuto cieco per la luce abbagliante dei desideri non educati dell'Ego, per la convinzione ostinata di risolvere tutto con il ragionamento, con l'astuzia o la forza della volontà, simboli della presunzione della mente di potersi negare all'inconscio, diventa l'atto liberatorio che sgorga dal cuore per riequilibrare quella luce, per ricontattare la parte *Eros* di sé e miscelarla con la parte *Logos*, troppo forte, sicura della riuscita ed irrigidita sulle sue posizioni. Il *Logos* che si nega all'*Eros* infatti, perde umanità, si fa cinico e rigido ed incapace di evolvere.

Sono quindi l'atto di coraggio di Raperonzolo/Anima, sola ed abbandonata nel deserto a cercare se stessa e l'atto di umiltà del Principe/Animus che fa della sua cecità/debolezza la radice di una forza nuova, la molla evolutiva per il ricongiungimento ed il compimento dell'intero percorso.

Atalanta Fugiens, Tav. XXX
Coniunctio Solis et Lunae

E' questa la *Coniunctio Maior* degli Alchimisti, l'atto finale che decreta l'integrazione tra coscienza ed inconscio, dopo che gli elementi femminili e maschili della psiche, abbozzati e latenti nel profondo dell'inconscio, possano finalmente ricongiungersi all'interno del Sé individuale, per permettere la nascita di una nuova personalità, una coscienza sanata, integrata e totalmente rigenerata, la *quintessenza* degli alchimisti, "il ritrovamento del tesoro" di cui parlava Jung, il *Lapis* arcano racchiuso nell'uomo, che è il presupposto per la sua redenzione, per la sua immortalità.

Almeno in potenza, ciascun essere umano è il sale del mondo, è il centro dell'Universo, è il cuore della vita.

E' per questo che gli alchimisti vedevano proprio nell'uomo la manifestazione di Dio, perché è solo grazie all'opera dell'uomo che il Divino può essere liberato dalle tenebre della materia ed esprimersi.

"Salomon Trismosin, Splendor Solis, Philius Regius"

La fine della fiaba, di tutte le fiabe aventi come intento la ricongiunzione del maschile col femminile, segna l'inizio della vita reale. Da quel momento in poi l'individuo può cominciare ad interagire con gli altri usando il suo intero potenziale, disciplinando e rendendo positivo l'archetipo che non cesserà di esistere, ma diventerà una guida comportamentale e non più una possessione, né l'arbitro di un incomprensibile destino. L'archetipo sarà stato interiorizzato e da dentro potrà illuminare le scelte che si faranno sempre più consapevoli, autonome, soddisfacenti e soprattutto libere.

E possiamo chiudere questo studio sull'Alchimia Astrologica con le parole di Johannes Fabricius:

"Ora la pietra è formata, l'elisir di vita è preparato,
il bambino-amore è nato, la nuova nascita è completata,
l'opera è resa totale e perfetta: meraviglia delle meraviglie!"
Johannes Fabricius[54]

---

[54] J. Fabricius, Alchimia, Edizioni Mediterranee, Roma 1978

Bibliografia di Sole e Luna alchemici

E. Neumann, La Luna e la coscienza patriarcale in La psicologia del femminile, Astrolabio Ubaldini, Roma 1976

J. S. Bolen, Passaggio ad Avalon, EDIZIONI PIEMME, Casale Monferrato 1998

M. Stein, Il principio di individuazione, Moretti & Vitali, Bergamo 2010

D. Green, Plutone e l'evoluzione dell'anima, Edizioni Mediterranee, Roma 2009

E. F. Edinger, Anatomia della Psiche, Simbolismo alchemico nella psicoterapia, Vivarium, Milano 2008

J. Fabricius, Alchimia, Edizioni Mediterranee, Roma 1978

Ringraziamenti

Il mio grazie a tutti coloro che hanno contribuito col loro sostegno alla realizzazione di quest'opera.

Ringrazio Paola, Antonio, Ida, Paolo, Mimmo, Franco, Elena, Mariangela, Alessandra, Renata e tutti gli amici che mi hanno sostenuto in questo percorso, spingendomi a riprendere in mano il piccolo libro sull'Alchimia Astrologica e a rielaborarlo, inserendo immagini, studi ed archetipi nuovi.

Un grazie particolare alla la mia famiglia per aver compreso quanto la rielaborazione e la pubblicazione di quest'opera fosse importante per me, vera tappa straordinaria di rinascita e di ritorno alla vita.

I Diritti dei proventi d'Autore saranno devoluti a "Ospedale Pediatrico Bambin Gesù", Roma

Tutte le immagini sono state tratte dalla "Raccolta Immagini" di Google

www.ingramcontent.com/pod-product-compliance
Lightning Source LLC
Chambersburg PA
CBHW060511290526
45791CB00001B/356

* 9 7 8 1 3 2 6 1 1 3 3 7 7 *